SILVANO MAGGIO

GRANDI OPPORTUNITÀ DA QUESTO SCONOSCIUTO: IL CONTRATTO DI AFFIDAMENTO FIDUCIARIO

GRANDI OPPORTUNITÀ DA QUESTO SCONOSCIUTO: IL CONTRATTO DI AFFIDAMENTO FIDUCIARIO

Autore

Silvano Maggio

Editore

Bruno Editore

Sito internet

http://www.brunoeditore.it

Sommario

Prefazione
(di Angelo Deiana)

"Se l'opportunità non bussa,
la prima cosa da fare è costruire una porta..."
Milton Berle

Entriamo subito in "medias res". Credo questo libro rappresenti uno sforzo importante di approfondimento dell'uso di uno strumento di consulenza patrimoniale poco conosciuto come il contratto di affidamento fiduciario.

Qualcuno potrebbe pensare ad una lucida ma giuridica razionalizzazione di istruzioni normative e di comportamenti contrattuali da seguire. E invece, si troverà davanti a consigli concreti importanti dai quali emergono anche pensieri, emozioni ma anche una fisicità del racconto che trasuda di problemi pratici da risolvere. Nella professione come nella vita.

Per questo, quando un professionista di altissimo livello come Silvano Maggio mi ha chiesto una riflessione su questo nuovo libro, ho percepito subito una cosa importante sul piano emotivo: il suo grande desiderio di condivisione di competenze e conoscenze con le persone vogliono essere consulenti patrimoniali a 360 gradi.

Poi ho iniziato a leggere e mi sono trovato subito di fronte ad una profonda difficoltà strategica: parlare dell'opera separandola dalla qualità dell'autore e dal suo stile di lavoro, è un'operazione complessa, soprattutto se ci confronta con professionisti e membri apicali di importanti associazioni professionali come ANCP, l'Associazione Nazionale Consulenti Patrimoniali, che mi onoro di presiedere.
Ma altrettanto complesso è, pur nella coerenza intellettuale della materia legislativa, trovare in questo libro differenze di analisi e interpretazione delle nuove e vecchie norme che regolano un istituto così importante e così complesso in termini di approcci "metagiuridici".
D'altra parte, viviamo in un mondo che si evolve rapidamente anche in campo legislativo per cui sono necessarie nuove prospettive e nuovi orizzonti. Un mondo con cui da tempo si devono confrontare tutti, Italia compresa.
Su questo tema, il nostro Paese ha fatto molti passi in avanti negli ultimi anni perché il legislatore espressamente menzionato il contratto di affidamento fiduciario nella Legge 112/2016, nota come Legge sul Dopo di Noi che, come ci ricorda l'Autore, lo indica come lo strumento giuridico da utilizzare, se si vuole godere dei vantaggi fiscali, accanto al trust e ai vincoli di destinazione.
Un momento importantissimo per il futuro della consulenza patrimoniale. Si tratta, infatti, di una piattaforma che dovrebbe

mettere al centro di ogni progetto la persona. Partendo dall'individuazione delle sue esigenze e dei suoi obiettivi e arrivando a soluzioni che tengano conto degli aspetti finanziari, assicurativi, previdenziali, immobiliari, fiscali, legali e successori. E ponendo particolare attenzione alla tutela del patrimonio ed al suo passaggio generazionale.

Ecco perché sono stato felice di scrivere la riflessione introduttiva di questo libro. Il contratto di affidamento fiduciario rappresenta una soluzione di grande significato, un "first best" per gestire in maniera anticipata e ottimale momenti complessi come quelli relativi a processi di passaggio successorio o generazionale.

D'altro canto, ogni volta che parlo con Silvano, sento la sua passione per lo sviluppo della sua professione e, in generale, per un futuro migliore della consulenza patrimoniale. Pensare e fare. Condividere e includere. Non arrendersi e rilanciare. Fare meglio di chi ci ha preceduto: è per questo che dobbiamo recuperare la capacità semplice di cercare e raggiungere la leadership culturale, raccontando cose complesse in modo che siamo comprese da molti, se non da tutti.

Questo è il DNA di ANCP ed ecco la sfida principale di questo lavoro dell'Autore: offrire una visione pragmatica e sintetica di un importante e innovativo istituto giuridico ad un Paese come il nostro che fatica a progettare a lungo termine, individualmente e collettivamente.

Un'attitudine che si deve basare non solo su un approfondito bagaglio di conoscenze, ma anche sullo sviluppo della capacità di dialogo con sistemi di persone e reti come quelli che caratterizzano le attività professionali tutte.
Cercando, nel contempo, di trovare un senso durevole in un futuro in cui dovremmo essere tutti azionisti (e non obbligazionisti) del nostro Paese, nel settore della consulenza patrimoniale ma non solo.

Angelo DEIANA

Presidente di **CONFASSOCIAZIONI, ANCP** (Associazione Nazionale Consulenti Patrimoniali), e **ANPIB** (Associazione Nazionale Private & Investment Bankers) è considerato uno dei maggiori esperti di servizi finanziari e professionali in Italia. Top manager di primari gruppi bancari nazionali e internazionali, docente universitario e opinionista sui media televisivi e autore di numerose pubblicazioni in campo economico/finanziario. **Attualmente è Vice Presidente di Auxilia Finance Spa, Docente di Finanza Strutturata e di Progetto alla Facoltà di Ingegneria dell'Università di Parma e Docente di Finanza Aziendale e Venture Capital alla Facoltà di Economia dell'Università Mercatorum.**

Introduzione

Caro lettore,
a chi non piacerebbe, privato cittadino o professionista, stendere un contratto che gli dia garanzia di ottenere questi **tre importanti risultati**:

- **Possibilità di esprimere un programma, anche articolato e complesso, con uno sviluppo assai lontano nel tempo.**
- **Garanzia che questo programma venga attuato, per quanto complesso nei contenuti e con una durata proiettata nel medio/lungo termine.**
- **Il raggiungimento di entrambi i precedenti obiettivi senza far ricorso al giudice.**

Qual è il negozio giuridico presente nel nostro ordinamento che assomma in sé queste qualità? Esiste? Con quali risultati?

Caro Lettore,

Se non hai alle spalle un minimo di preparazione giuridica ti consiglio di cominciare a leggere il **capitolo 1** di questo testo all'interno del quale ti potrai fare una concreta opinione sugli importanti risultati che il Contratto di Affidamento Fiduciario riesce a raggiungere, confrontandoli con strumenti alternativi.

Grandi opportunità da questo sconosciuto: il Contratto di Affidamento Fiduciario.

Ci stiamo accostando ad un contratto che al massimo grado garantisce:

- la piena attuazione di un programma;
- attribuisce e fa assurgere al programma la causa stessa del contratto;
- riesce a mettere sullo stesso piano gli interessi delle parti a favore dell'attuazione del programma, facendola assurgere a interesse comun;
- ne presidia la realizzazione con meccanismi giuridici desueti rispetto a quanto messo a disposizione dal nostro ordinamento giuridico, esaltandone l'efficienza al punto da farlo sopravvivere alle vicende personali dei contraenti, alla loro esistenza in vita, ai possibili conflitti, all'inerzia di una parte, ecc.
- evita grazie a questi stessi meccanismi il ricorso alla tutela giurisdizionale esaltando l'autonomia privata.

- Attua la segregazione dei beni affidati in quanto inseriti, come vedremo, all'interno di un "patrimonio dedicato".

E gli strumenti con cui perviene con successo a questi risultati sono:

- il "negozio di autotutela";
- il "negozio di autorizzazione"

ai quali viene dedicata una parte importante di questa esposizione, trattandosi di strumenti che possono essere definiti nuovi, certamente originali, molto efficaci ed in grado di garantire quegli obiettivi che il cliente vuole che siano espressi in un programma.

Uno strumento giuridico dalla forte valenza sociale (se pensiamo solamente al contesto della Riforma della Giustizia) che si pone come risultato l'efficienza della sua "macchina": cosa c'è di meglio di ridurre ai minimi termini il ricorso al Giudice?

L'esposizione che segue non mancherà di verificare e far toccare con mano questa efficienza anche mediante il confronto con altri negozi giuridici.

Per quanto riguarda la modalità espositiva:

mi propongo di pervenire ad *un manuale operativo* che contenga gli elementi essenziali del contratto e che sia, per quanto possibile, di agevole consultazione, scevro da profonde dissertazioni dottrinali ed espresso con un linguaggio il più possibile accessibile.

Sovente, però, l'espressione sarà asciutta e necessariamente sintetica in quanto tesa a dare completezza ad una tematica vasta e non priva di complessità.
Un manuale che necessariamente richiede di essere approcciato con impegno...
... senza dimenticare che divulgare è sempre un po'semplificare.
Buona lettura.

Premessa

Il creatore/autore di questo contratto aderisce alla stessa illuminata dottrina alla quale si può ricondurre la diffusione in Italia del trust negli ultimi trent'anni, ma anche di tutta una serie di approfondimenti e, ancor più, applicazioni che hanno arricchito l'istituto tanto da fare scuola anche a livello internazionale.

Questa dottrina si identifica con il Prof. Maurizio Lupoi.

Chi (lo studioso di diritto piuttosto che il professionista) intenda, pertanto, accostarsi a questo strumento deve necessariamente passare attraverso lo studio, non sempre facile, ma entusiasmante, almeno dei suoi due testi fondamentali dai quali il sottoscritto farà costanti rinvii anche attingendo con frequenti riferimenti:

- Maurizio Lupoi, *Il Contratto di Affidamento Fiduciario*, (Milano, Giuffrè, 2014).
- Maurizio Lupoi, *L'affidamento fiduciario nella vita professionale*, (Milano, Giuffrè, 2018).

Illuminata dottrina: una sola mente?

«Vale la pena di impegnarsi e di investire il proprio tempo?» potrebbe chiedersi qualcuno.

- Il legislatore per primo ha concesso la massima considerazione al Contratto di Affidamento Fiduciario; non stiamo parlando di qualcosa di teorico nato dalla mente di professori universitari o studiosi del diritto, bensì di un contratto che ha già avuto il suo riconoscimento a livello legislativo in quanto il Contratto di Affidamento Fiduciario viene espressamente menzionato dalla Legge 112 del 2016, meglio nota come Legge sul Dopo di Noi, che lo indica come lo strumento giuridico da utilizzare per godere dei vantaggi fiscali, accanto al trust e ai Vincoli di Destinazione (ex Art. 2645 ter cc) e nessun altro.

- Il legislatore è in procinto di introdurne la disciplina nel nostro ordinamento con un Disegno di Legge presentato dalla Senatrice Riccardi, numero 1452 del 5.8.2019, la cui lettura consiglio in quanto utilissimo materiale di studio e costante riferimento in questo testo.
- Non manca la possibilità al professionista, tuttavia, di avvalersi della disciplina specifica offerta dalla Legge di San Marino 1.3.2010 sul Contratto di Affidamento Fiduciario, di ottimo livello e scritta in italiano, che autorevole dottrina ritiene possibile grazie alla Convenzione dell'Aia del 1.7.1985, ratificata con Legge 16.10.1989 n. 364, dove espressamente l'Art. 2 include tutti i rapporti giuridici nei quali un patrimonio viene posto sotto il controllo di un soggetto nell'interesse di un beneficiario.

Alcune considerazioni si impongono:

- Che si tratti di uno studio non facile * va ricercato nel fatto che l'Autore indica percorsi nuovi e offre soluzioni innovative che non fanno parte dell'operare e della mentalità giuridica corrente. Anche se lo fa sempre preoccupandosi di fornire piena cognizione, strumenti e riferimenti utili a chi ne segue il percorso.

*Il risultato cui si perviene però è davvero "una macchina da guerra". Non a caso il Prof. Lupoi in merito così si esprime: «[...] i caratteri del Contratto di Affidamento Fiduciario come da me proposto non sono necessariamente intuitivi, anzi, sono decisamente controintuitivi, come ad esempio l'esclusione dell'azione di risoluzione contrattuale [...].»

Per completezza di informazione devo rammentare che, in particolare nell'ultimo decennio, si è creato un nutrito gruppo di Professionisti, per lo più notai di grande livello, che hanno messo a terra le enormi potenzialità del Contratto di Affidamento Fiduciario, mettendo a disposizione degli studiosi numerose e performanti applicazioni su casi concreti. Per rendersene conto è sufficiente avvicinarsi alle numerose trattazioni citate in bibliografia.

Da ultimo chiedo venia se nel prosieguo dovessi omettere esplicito rimando alle fonti quando queste si identificano in quelle già citate, in particolare quando vengono riportate espressioni racchiuse tra virgolette, se non diversamente specificato.

Capitolo 1:
Esposizione di casi concreti

Il Contratto di Affidamento Fiduciario: di che cosa si tratta? Tocchiamolo con mano per mezzo di alcuni casi concreti comprensibili a tutti, anche ai non giuristi.

Durante la stesura di questo testo mi sono spesso imbattuto in quello che è da considerare, forse, un falso problema: come fare a tenere insieme la trattazione tecnico-giuridica di una certa complessità con il vivo desiderio di far pervenire a tutti, anche ai non giuristi, le enormi potenzialità di questo eccezionale contratto, il Contratto di Affidamento Fiduciario?

Non mi pareva giusto privare cittadino di un'informazione tanto utile e nemmeno conveniente nei confronti di chi si prefigge di promuoverlo presso i professionisti.

Aspettare che siano loro, i professionisti, a proporlo ai propri clienti? La ritengo una strada troppo lunga da percorrere.

Meglio che sia il cliente stesso a farne esplicita richiesta al professionista, una volta compresa l'utilità dello strumento giuridico al soddisfacimento dei propri bisogni (a livello personale, famigliare, aziendale, sociale), innestando così un processo virtuoso e fecondo di risultati. Non è quello che sovente è accaduto in questi ultimi venti anni con il trust?

Come fare a tenere insieme le due esigenze? Avvicinare e soddisfare la persona non giurista, senza contemporaneamente allontanare il professionista?
Spero di esserci riuscito facendo precedere all'esposizione tecnica destinata propriamente a quest'ultimo la presentazione di alcuni casi concreti che trovano la loro piena soluzione in un Contratto di Affidamento Fiduciario. Soluzione che gli ordinari strumenti offerti dal nostro ordinamento giuridico non riuscirebbero a ottenere, perlomeno assieme a tutti e tre i risultati evidenziati e che sempre si vogliono perseguire. In tal modo mi riprometto di catturare l'attenzione dell'uno e dell'altro.
L'interesse, ben diverso dall'attenzione, è assicurato per l'operatore economico che vorrà invece proseguire nella lettura dei successivi capitoli del testo.

Riprendiamo l'assunto iniziale:

a chi non piacerebbe, semplice cittadino o professionista, stendere un contratto che gli dia garanzia di ottenere questi **tre importanti risultati**:

- **Possibilità di esprimere un programma, anche articolato e complesso, magari con uno sviluppo assai lontano nel tempo.**
- **Garanzia che questo programma verrà attuato, per quanto complesso nei contenuti e con una durata nel medio/lungo termine.**
- **Raggiungimento di entrambi i precedenti obiettivi senza far ricorso al giudice.**

Ecco presentate le potenzialità che in estrema sintesi definiscono il Contratto di Affidamento Fiduciario. Certo, una definizione ardita: spero non mi faccia guadagnare una scomunica da parte di quella illuminata Dottrina che se ne occupa a ben diversa quota. Sarò, dunque, più rigoroso nel prosieguo.

Cosa significa, concretamente, poter contare su un contratto che faccia ottenere questi risultati? Affrontiamo assieme qualche esempio per rendercene conto.

1.1 La nonna che vuole garantire alla nipote un appoggio economico.

Con questo primo caso voglio condurre per mano il lettore affrontando una *tematica che presenta contemporaneamente una complessità e una durata che si protraggono nel tempo,* caso al quale il professionista è chiamato a dare un vestito giuridico.

Una nonna che voglia garantire alla nipote (femmina), figlia del suo unico figlio, un appoggio economico che la supporti nel suo percorso formativo al fine di realizzarsi nel migliore dei modi nel mondo del lavoro. La nonna sa bene che suo figlio (maschio), imprenditore affermato, privilegerà il nipote maschio, già maggiorenne, nel passaggio generazionale aziendale: lo testimonia quanto viene attuato a favore di questo nipote da parte del padre. La nonna ha in mente un nutrito programma a favore della nipote femmina, che cercherò di riassumere in questi brevi cenni.

Invito nel frattempo il lettore giurista ad immaginare e a confrontarsi con le non poche problematiche che potranno nascere qualora dovesse essere lui a stendere e concretizzare in un negozio i desiderata della nonna.

In questo caso, tutta la quota disponibile dal punto di vista successorio viene subito messa dalla nonna a disposizione del programma. La gestione di questo tesoretto prevede che tutte le spese di istruzione, fino ad oltre l'università, comprensive di eventuale dottorato, siano totalmente a carico del fondo da lei destinato. Si tratta di una lunga serie di spese, alcune specificate, altre connesse, non tutte al momento chiaramente identificabili: tutte da sostenere quando siano ritenute conformi al principio generale, quello dettato dalla nonna. Tra queste di sicuro: libri, tasse di iscrizione, locazione dell'appartamento, abbonamenti, spese di viaggio da e per l'università, stages all'estero, il mensile vieppiù crescente con l'età, costi per eventuali lezioni private, ecc. La gestione del programma non trascura malattie e incidenti che saranno a carico del *fondo destinato*, piuttosto che le assicurazioni attinenti alla persona.

La nonna non si accontenta e si proietta lontano:

- pretende che mai il suo patrimonio finisca nelle mani di terzi: un marito/compagno della nipote;
- l'eventuale fondo residuo, in caso di morte della nipote, può ben passare al suo proprio figlio, se in vita, e soltanto a lui.

In mancanza di questo, la nonna ha la possibilità di decidere, ora per allora, che siano destinati al nipote maschio (ma mai ad una moglie di lui) piuttosto che alla Caritas.

Può bastare?

Quale negozio può garantire i tre risultati proposti?

Il Contratto di Affidamento Fiduciario.

1.2 Il Signor Luigi non si fida ad affidare al solo testamento il futuro del suo allevamento di cani da esposizione per quando non ci sarà più.

La presentazione di questo specifico caso ha lo scopo di attirare l'attenzione sul fatto *che il Contratto di Affidamento Fiduciario non è una macchina potente destinata a pochi:* non conta la consistenza del patrimonio, piccolo o grande del Signor Luigi, né sapere se ci troviamo di fronte ad un grande imprenditore piuttosto che ad un modesto artigiano, un professore di scuola media o all'impiegato del comune.

Il Contratto di Affidamento Fiduciario è versatile, adattabile a tutte le esigenze e va bene anche per coloro che abbiano, per l'appunto, l'esigenza specifica di un programma, in questo caso per il "dopo di noi".

Il problema che assilla il Signor Luigi è quello di conoscere se utilizzare il testamento e tramite esso trovare soluzione e continuità al suo allevamento di cani da esposizione, attività che lo ha accompagnato e appassionato per tutta la vita accanto a quella lavorativa. Il Signor Luigi è tutto concentrato sulla possibilità di veder attuato il suo programma che per lui, appunto, consiste nella continuazione dell'allevamento di cani da esposizione. E lui sa bene che si tratta di un'attività di non poco rilievo, tanto che ha già provveduto a mettere nero su bianco

quelli che per ora sono solo i suoi desiderata con una serie di paletti, impiegando ben una ventina di fitte pagine dattiloscritte.
Per questa attività, destinata a durare nel tempo, ha già individuato la figura del gestore nel nipote che, fin da giovane, condivide con lo zio Luigi la passione dell'allevamento di cani da esposizione.
Invito il lettore anche solo ad immaginare il programma del Signor Luigi, magari accostandolo allo sviluppo del precedente caso nel quale, oltre ad una congrua dotazione di fondi vincolati all'attività, siano state *previste tutta una serie di situazioni cui il Signor Luigi fa corrispondere un ventaglio di possibili soluzioni: quelle da lui prospettate e volute*. Situazioni che nel nostro caso, solo per esemplificare, prendono in considerazione:
- il fatto che il nipote, il gestore prescelto, per qualsivoglia motivo (incapacità, malattia, morte, ecc.) non possa proseguire nella sua funzione: chi lo dovrà sostituire?
- L'obbligo di essere presente ad un minimo di esposizioni nazionali e di conseguire un minimo di premiazioni e le regole in caso contrario……
- … fino a prevedere che alla chiusura dell'allevamento, da qualsiasi motivo determinata, sia associata la puntigliosa destinazione delle restanti risorse ed in particolare dei cani: una destinazione gratuita ai migliori allevatori italiani di quella razza, piuttosto che, sempre a titolo gratuito, a chi, da privato, sia dedito

a quella razza... il tutto sempre e ancora accompagnato da una ricca serie di istruzioni.

Come si può notare si tratta di un programma: un programma che considera tutto fino a quando, una volta portato a termine o per qualsiasi motivo impedito di proseguire, avanzino risorse finanziarie: lascio immaginare al lettore come il Signor Luigi ha pensato di assegnarle.

In che modo un testamento tanto articolato e non privo di oggettive difficoltà previste o prevedibili o altro negozio giuridico potrà mai garantire al Signor Luigi:

- l'attuazione del suo programma, per quanto articolato e prolungato nel tempo;
- di evitare che nessun evento possa condurre il contratto davanti ad un giudice? Che fine farebbero i cani da esposizione? Chi li seguirebbe?

Il Contratto di Affidamento Fiduciario si fa carico del programma. Il programma è l'anima stessa del Contratto di Affidamento Fiduciario, quella che in diritto costituisce la causa del contratto.

1.3 Il mio amico sindaco mi informa di aver ricevuto un lascito.

Questo caso, nella panoramica di quelli esposti in questa prima parte del testo, ci offre lo spunto per considerare che *non ci troviamo, al contrario dei precedenti, di fronte ad un programma complesso, pur lungo nella durata.* Questo primo aspetto ci permette di metterne in evidenza un secondo:
la versatilità dello *strumento che si traduce in facilità di costruzione, successiva manutenzione e pertanto assoluta economicità in termini di costi.*
Vediamone i tratti salienti.
Il mio amico sindaco di un paese vicino mi informa di aver ricevuto un lascito, una somma non trascurabile, dal figlio di "un ragazzo del 99", un soldato che aveva combattuto durante la Prima Guerra Mondiale.
Utilizzando i fondi a disposizione, l'impegno richiesto è quello di provvedere alla manutenzione del locale monumento ai caduti e di provvedere ad addobbarlo con fiori e bandiere in occasione della ricorrenza della Festa della Liberazione, il 25 aprile di agni anno.
Cosa c'entra anche solo lontanamente con il Contratto di Affidamento Fiduciario?
Semplicemente il Sindaco *vuole avere una certezza circa l'attuazione del programma, comunque un programma "delicato",* non fosse altro che per il cospicuo ammontare del

fondo affidatogli. Si tratta di un programma che potrebbe in futuro presentare complicazioni e difficoltà al punto da dover rispondere davanti ad un giudice: basti pensare agli eredi a fronte di un legato che non viene attuato.
Per cominciare: a chi affidare l'incarico? All'assessore pro tempore, al presidente della Proloco, al presidente del CAI (Club Alpino Italiano) al momento molto attivo nel sociale?
Il sindaco pensa che potrebbe essere quest'ultimo, al momento, il destinatario della gestione sotto la vigilanza dell'assessore.
All'interno del Contratto di Affidamento Fiduciario queste figure assumono dei ruoli, più propriamente delle funzioni, accompagnati da regole ben definite. Avremo modo di toccare con mano nel prosieguo del testo che la certezza di esecuzione dipende da queste regole, compresa quella del loro avvicendamento nel tempo. Grazie alla sua particolare struttura, appunto, con le sue regole, i suoi ruoli e queste funzioni, sarà garantita la continuità nello svolgimento dell'attività: l'inerzia di un attore, la sua assenza, il CAI del paese che si scioglie per qualsivoglia motivo e molto altro non potrà dar luogo al blocco del programma, né alla possibilità di contenzioso alcuno.
Tutto questo con Contratto di Affidamento Fiduciario che va redatto in forma scritta e che ha bisogno solo di data certa: non c'è bisogno di un atto notarile e può bastare un timbro postale sul retro per assegnare al documento data certa.

Un contratto, pertanto, che sa farsi carico anche di problematiche meno complesse. E i costi?

Nel nostro caso l'amico sindaco ha già non solo chi gestirà ma anche il professionista che gli stenderà il contratto. Il tutto gratuitamente.

1.4 Il caso del signor Lino

Nella logica di questa esposizione di casi questo in particolare ha la missione di consolidare nel lettore, per la sua particolare complessità, *l'idea che il Contratto di Affidamento Fiduciario è davvero in grado di farsi carico di un programma importante e proiettato nel tempo*.

Qui la sfida per altri negozi giuridici del nostro ordinamento che volessero competere si fa davvero dura. Forse, addirittura, impossibile.

Il Contratto di Affidamento Fiduciario è comunque in grado di raggiungere i tre risultati enunciati in premessa.

Il lettore attento potrà maggiormente rendersi conto di un'ulteriore preziosa qualità del Contratto di Affidamento Fiduciario: quella di *diventare un vero vestito su misura* se si pone mente alla discussione che si instaura e si dilunga nel tempo tra il cliente ed il professionista: quella necessaria per stendere il programma. Il programma destinato volta per volta per ognuno a disegnare il proprio progetto.

Anche il signor Lino ha un suo pensiero fisso che da un po' di tempo gli gira per la testa: sta valutando una polizza assicurativa con valori importanti a favore del suo unico nipotino Mattia, cui è molto affezionato. Il solo problema per lui sembrano essere al momento i tempi per far pervenire la somma: 18 anni? 20 anni?

La risposta tradizionale può essere: «fatti consigliare per la polizza da un bravo consulente assicurativo o, piuttosto, in alternativa, vai da un buon avvocato che ti rediga e inserisca il tutto in un testamento; piuttosto utilizza la donazione modale (…).» Presi singolarmente si tratta di strumenti efficaci per raggiungere gli obiettivi per cui sono nati.

Per la realizzazione di un programma complesso e articolato come quello che stiamo per affrontare ben difficilmente riescono ad esaudire un progetto come quello che un po'alla volta sono riuscito a tirar fuori dalla testa di Lino: vediamolo in sintesi.

Il Contratto di Affidamento Fiduciario, tra le altre qualità, *permette al cliente condotto per mano da un professionista esperto di poter esprimere situazioni e necessità cui prima d'ora non aveva pensato.*

La prima domanda utile per mettere in chiaro le sue vere istanze è se sia questa la scelta migliore per il nipotino che, si noti, ha solo tre anni.

Consideriamo la situazione di partenza.

Il signor Lino è felicemente sposato da anni con:

- una figlia che è in attesa di un secondo bambino.
- un secondo figlio che al momento convive ma che a breve intende contrarre matrimonio.

Vediamo da qui in avanti di delineare i tratti salienti, trascurando i tanti particolari facilmente individuabili che una tematica siffatta genera:

- di solito tutti i nonni si trovano sempre d'accordo sul fatto che le loro risorse debbano sostenere il percorso scolastico dei nipoti. E questo vale anche per il Signor Lino ma:

- il nipote che percorso scolastico farà? Quanto durerà? Fino all'università? E se non vuole proseguire e va a lavorare nell'azienda del padre?

- Il nonno intende solo contribuire, ovvero farsi pienamente carico delle spese di istruzione, in sostituzione dei genitori? Tenendo, poi, presente che questa opzione non sarebbe più tale in mancanza dei genitori.

- Anche in questo caso di quali spese si tratta? Anche l'appartamento a Milano o all'estero, oltre ai libri, le tasse scolastiche, gli abbonamenti, ecc.? Aspetti già visti.

- Come gestire la quantità di fondi a disposizione se sopraggiungono altri nipoti?

- E se il nipote, una volta raggiunti i diciotto anni e completato l'istituto tecnico, vorrà avviare un'attività di artigiano o idraulico, serve provvedere subito ad acquistargli un furgone e un locale dove riporre il proprio magazzino? Non basta...

- Se il nipote da giovane comincia a drogarsi o diventa ludopatico? Come dosiamo le risorse nei suoi confronti per non danneggiarlo?

- Anche in questo caso bisogna ritenere obbligatorio il parere dei genitori per ogni decisione operativa nei suoi confronti?

- Come fare a dosare le risorse tra i nipoti, figli di uno stesso figlio o figli dell'altro figlio? Quello che non erogo ai nipoti di un figlio lo do all'unico o agli altri dell'altro figlio?

- E se ho più nipoti da un figlio e dall'altro nessuno?

- E se il nipotino fosse uno soltanto? E se poi dovesse morire? ....

Il Contratto di Affidamento Fiduciario è in grado di esprimere il programma del Signor Lino.

1.5 Il signor Mario vuole pensare al proprio futuro e non se la sente di privarsi adesso delle sue risorse.

Molti non la pensano affatto come il Signor Lino: lui ha voluto realizzare un *Contratto di Affidamento Fiduciario in vita* mettendo subito a disposizione le risorse finanziarie destinate ai suoi nipotini. Diversamente da lui, molti, in prospettiva di una terza e anche di una prospettata quarta età, in un contesto di diffusa maggiore preoccupazione per il futuro non se la sentono di porre subito, quando ancora in vita, sotto un vincolo contrattuale anche solo una parte del loro patrimonio. E questo indipendentemente dai destinatari: nipoti piuttosto che la Caritas. In base alla mia esperienza constato che è questo l'atteggiamento normale degli anziani: brutalmente da nord a sud la risposta più frequente è: «in vita la mia roba è mia: dopo ci penseranno [...].» In questi ultimi anni per fortuna mi sono dovuto ricredere a fronte di qualche caso di giovanissimi e validi imprenditori che si sono rivolti a me e grazie ai quali ho preso atto che l'atteggiamento è totalmente cambiato. Anzitutto con riguardo all'assoluta serenità psicologica con cui affrontano il futuro, anche quello che non li vede più sulla scena della vita. Accanto ad una *cosciente e quanto mai saggia richiesta di protezione del patrimonio,* sovente piccolo, come è naturale che sia, è vivo il desiderio che la propria attività, avviata e sostenuta con tanto impegno e sacrificio, non debba subire interruzione legate a qualsivoglia personale evento della vita. Un sorprendente capovolgimento di mentalità anche in mancanza figli.

Questi giovani sono convinti che non è il testamento lo strumento cui affidare la loro volontà. Viene semmai da loro considerato sovente un catenaccio di norme che remano contro: come si fa a pensare di tenere in piedi un progetto che vede l'azienda di proprietà proseguire anche dopo la propria scomparsa se le norme sulla legittima la destinano ai genitori o alla sorella infermiera, solo perché lui non è coniugato e non ha figli?

Un utilizzo coordinato di norme di diritto commerciale abbinate al Contratto di Affidamento Fiduciario possono raggiungere i risultati da loro voluti. Il mio testo *La successione innovativa* presenta e risolve casi di questo genere.

Al momento restiamo in attesa che il legislatore, da qualche decennio sollecitato a riformare la normativa sulla successione, vi provveda.

Lasciata alle spalle questa digressione che mi ha offerto lo spunto per allargare l'orizzonte di azione del contratto cui è dedicato questo testo, concentriamoci su un suo *utilizzo particolare: quello in ambito successorio.*

Nella seconda parte di questo testo, quella che ho definita tecnico-giuridica, dedico all'argomento un capitolo: serve a sostenere quello che in questo contesto, esclusivamente informativo, mi permette di affermare che il Contratto (*rectius,* negozio) di

Affidamento Fiduciario testamentario non solo è possibile ma, a mio avviso, è destinato a dare nuova vita al testamento del nostro Codice civile.

A fronte di statistiche che lo penalizzano al punto da relegarlo ad un dieci/dodici per cento di italiani che ne fanno ricorso, proviamo ad immaginare l'innesto del testamento con il Contratto di Affidamento Fiduciario, pur in ipotesi che le risorse destinate siano quelle della quota disponibile.

Quanto importante sarebbe stendere un testamento con annesso un programma con quelle stesse libertà e ampiezza di orizzonti che abbiamo cominciato a vedere negli esempi fin qui esposti?

Provate ad immaginare che sia lo stesso signor Lino del caso precedente a cambiare idea e che voglia attuare il suo articolato progetto non da adesso, ma post mortem.

Potrebbe essere il consiglio del professionista a fargli cambiare idea.

Un **negozio di affidamento fiduciario testamentario** *lo può fare senza preoccuparsi di dover mettere subito a disposizione le sue risorse.*

Lo ritengo un *testamento del tutto nuovo* non solo per nonni, genitori e non, ma anche per i giovani, proprio *per la libertà operativa che permette di esprimere in un programma.*

E assicurandosi tutte le attribuzioni del Contratto di Affidamento Fiduciario che amo in conclusione ripetere:

- possibilità di esprimere un programma, anche articolato e complesso, magari con uno sviluppo assai lontano nel tempo;
- garanzia che questo programma verrà attuato, per quanto complesso nei contenuti e con una durata nel medio/lungo termine;
- raggiungimento di entrambi i precedenti obiettivi senza far ricorso al giudice.

Il negozio di Affidamento Fiduciario in ambito testamentario, a mio sommesso parere, può diventare un modo normale di fare testamento, divenendo perfino popolare ed economico.

Si pensi solo alla diffusa preoccupazione del testatore che i propri eredi, una volta divisi i beni materiali, non si preoccupino o non riservino l'impegno dovuto a temi che riguardano le opere di carità e di bene.

... E tante altre applicazioni...

Al professionista che abbia seguito l'esposizione di questi scarni casi concreti è data la possibilità di vederne altri, quelli più "tecnici" e utili per la professione, illustrati nel corpo del testo.

Tra i tanti, uno che interessa gran parte degli imprenditori è il passaggio generazionale.

Immaginiamolo attuato con le possibilità offerte dal Contratto di Affidamento Fiduciario.

Capitolo 2:
Contratto di Affidamento Fiduciario (CAF)

2.1 Il trust italiano?
Un percorso verso la sua comprensione.

Esiste un contratto a disposizione degli operatori economici che offre un *ampio orizzonte di possibilità.*
Si tratta appunto del Contratto di Affidamento Fiduciario.
Purtroppo, va detto subito che, facendo ricorso ad un'espressione tratta dal linguaggio matematico, potremmo affermare che queste stesse possibilità stanno in proporzione inversa rispetto al grado di conoscenza che, al momento, se ne ha da parte del mondo professionale. La conseguenza è che ci imbatteremo in professionisti che, a giustificazione della loro *ignorantia*, potrebbero anche ostacolare chi lo propone al cliente, non diversamente da quanto abbiamo assistito e subito in tutti questi anni quando abbiamo proposto il trust.
Prima di addentrarci a dare una definizione proviamo a fare assieme un percorso di avvicinamento che ne faciliterà la comprensione.
....Un ampio orizzonte di possibilità in mano all'operatore economico....

Chi negli ultimi vent'anni ha seguito il percorso del trust, cominciando vieppiù a conoscerlo e utilizzarlo, si sta rendendo conto di quanto sia vera l'affermazione usata da molti studiosi: il trust sta sostituendo molti negozi giuridici del nostro ordinamento. E lo sta facendo perché riesce in modo assai più performante e completo a raggiugere gli obiettivi voluti e desiderati, rendendolo alternativo e fruibile e, pertanto, subito proponibile al cliente.

Ma cosa c'entra il trust? C'entra nella misura in cui, appropriatamente o meno, il Contratto di Affidamento Fiduciario viene anche definito **"il trust italiano"**.

Cui si aggiungono, però, una serie di qualità positive e di differenze di grande rilievo, che andremo ad evidenziare: a cominciare dal fatto, non banale, che esso non venga definito con un termine straniero. L'esperienza sul campo, infatti, ci insegna che il cliente anziano, e non solo, sovente si blocca solo a sentire la parola sconosciuta: trust. Perdendo così tutti i vantaggi che chi lo ha costituito ha colto a piene mani.

Aspetto che si aggiunge al fatto che non serve far riferimento ad una legge straniera, dove l'ostacolo non è più il solo cliente ma spesso il professionista, il notaio, l'avvocato, il commercialista.

Nel caso del Contratto di Affidamento Fiduciario, si fa completo riferimento all'ordinamento italiano.

E da queste considerazioni **cominciamo il nostro percorso.**

Un percorso che ho pensato bene di rendere maggiormente concreto e agevole facendo continuo riferimento al **Disegno di Legge Riccardi,** presentato al Parlamento in data 5.8.19 con il numero 1452 su *Disposizioni sul negozio di Affidamento Fiduciario.* (riportato in Appendice). Testo che ha il pregio di essere fedele all'insegnamento dottrinale da cui trae origine e che, pur composto da ben 28 articoli, ci permette vieppiù di mantenere un filo logico, tenendo in considerazione solo le parti essenziali utili a delineare l'istituto; quelle, per capirci, che si identificano con le caratteristiche principali e che nessun emendamento parlamentare potrà modificare, invece che migliorare.

Condivido, peraltro, appieno l'osservazione in premessa al Disegno di Legge che, se si considera il ben diverso stile spesso usato dal Legislatore, non è affatto di poco valore:

«Il testo che si presenta vuole essere anche un esercizio di coerenza linguistica e concettuale rispetto al Codice civile perché, pur trattandosi di una legge speciale, essa deve potere essere letta armonicamente nel contesto del diritto civile tradizionale.»

2.2 Come definirlo

Indispensabile il riferimento al contesto storico come viene assai felicemente tratteggiato dalle espressioni della Senatrice Riccardi nella presentazione del Disegno di Legge, (d'ora in avanti per brevità D.L.) dove testualmente si legge:

«Alla base della costruzione teorica è l'esito delle ricerche storiche dalle quali è risultato che l'insieme dei dati teorici caratterizzanti il trust ebbe origine nella dottrina giuridica canonico-civilistica rinascimentale e quindi sul terreno della tradizione del diritto romano: da essa mosse il diritto inglese e nel corso del tempo elaborò la figura del trust di *common law* come oggi la conosciamo. Muovendo da quella paternità culturale, la dottrina del Contratto di Affidamento Fiduciario si è riappropriata di concetti e meccanismi funzionali della *civil law* ed è pervenuta a elaborare principi e regole che trovano collocazione nel disegno di legge: esso, in luogo di provare a "tradurre" il trust, come hanno fatto quasi tutti gli altri Stati che hanno legiferato in materia, **addita una via interamente appartenente alla *civil law*.**»

Per la definizione di Contratto di Affidamento Fiduciario prendiamo le mosse da quella che ne dà lo stesso Prof. Lupoi e che svilupperemo di seguito completandola con le necessarie aggiunte e spiegazioni.

Il «Contratto di Affidamento Fiduciario è il contratto per mezzo del quale un soggetto affidante conviene con un altro, affidatario, l'individuazione di taluni beni da impiegare a vantaggio di uno o più soggetti in forza di un programma, la cui attuazione è rimessa all'affidatario.»

Chi legge con attenzione la definizione comincia a rendersi conto della vicinanza con l'istituto del trust.

- Anche qui è presente la figura dell'**affidante** che il lettore non ha difficoltà ad accostare a quella del disponente.
- Lo stesso vale per **l'Affidatario Fiduciario**. Senza dover fare grandi voli pindarici, può essere accostato al *trustee.*
- Anche in questo contesto sono presenti dei "**beni da impiegare**", intesi nel senso ragionieristico del termine: attività e passività.
- 'A vantaggio di uno o più soggetti': trattasi dei **beneficiari** che pure nel Contratto di Affidamento Fiduciario ne mantengono la definizione.
- Anticipo per completezza, al solo fine di dare continuità didattica che può essere presente **il garante del contratto**, cui

certamente il lettore abbina la funzione del guardiano, presente nel trust.

Non tragga in inganno o a veloci e affrettate conclusioni questa prima personale approssimata analisi basata solo sul confronto sui termini. Non dimentichiamo, per cominciare, che, mentre il trust è un negozio unilaterale, il Contratto di Affidamento Fiduciario è un vero **contratto** con tanto di contraenti.

Per un primo utile accostamento ecco come si esprime l'Art. 1, comma 1, del citato D.L.:

Art. 1.

Negozio di affidamento fiduciario

1. *Con il negozio di Affidamento Fiduciario l'affidante e l'affidatario fiduciario convengono il* ***programma*** *che l'Affidatario Fiduciario si obbliga ad attuare impiegando uno o più beni a favore di uno o più beneficiari entro un termine non eccedente novant'anni.*

Bene che, prima di tutto, e prima di riprendere e approfondire le accennate componenti che qualificano il Contratto di Affidamento Fiduciario, si ponga l'attenzione sulla *causa del contratto*, ovvero il **programma.**

2.3 Il programma

Il programma, costituendo la causa stessa del contratto, ha un ruolo centrale non solo perché gli attribuisce la valenza di colonna portante ma, soprattutto, perché contribuisce assieme ad altre speciali caratteristiche ad esprimere al massimo grado le sue performances rispetto ad altri istituti.

Per rendercene conto lungo il nostro ideale percorso di comprensione vale la pena di evidenziare le differenze con alcuni di questi istituti per apprezzare appieno la *vis* negoziale. Prendiamo in considerazione il Patto di Famiglia e il Vincolo di Destinazione.

Il patto di famiglia.

Gli articoli di riferimento sono: 768 bis e successivi del Codice civile. (vedi Appendice)

I limiti che hanno tarpato le ali a questo istituto quanto al suo l'utilizzo in quasi quindici anni dalla sua nascita sono sotto gli occhi di tutti.

In estrema sintesi il patto di famiglia:

- nient'altro costituisce una successione anticipata attuata con il trasferimento dell'azienda;
- non si preoccupa del fatto che al genitore sia garantita la possibilità di poterla ancora gestire.

Dal nostro specifico angolo visuale ci è utile prendere in considerazione alcune situazioni di criticità quali:

- Il/i soggetto/i destinatario/i può/possono nel prosieguo cambiare idea e non voler più gestire l'azienda. Esiste un rimedio previsto dal legislatore?
- Il soggetto destinatario può nel prosieguo avere problemi di salute magari fino a perdere la stessa capacità di intendere? Esiste un rimedio?
- Il soggetto può morire. E se il papà è già morto? Esiste un rimedio?
- Il soggetto prescelto si trova indebitato. È un problema solo suo personale? Esiste un rimedio offerto dal legislatore? Un rimedio che permetta in qualche modo di "tornare indietro"?

La totale assenza di un programma, per nulla previsto dal legislatore, potrebbe ben considerare queste e altre situazioni e prevederne le soluzioni: prima tra tutte la temporaneità del possesso dell'azienda da parte del destinatario con la possibilità appunto di "tornare indietro".

Serve allora trovare una disciplina che non faccia riferimento a quella legale.

Sarà interessante per il lettore, una volta completato l'iter di esposizione teorica proposto dal testo, vedere i risultati nel caso in cui il Contratto di Affidamento Fiduciario si fa carico di dare compiuta realizzazione al patto di famiglia (vedi cap. 3.3).

Il vincolo di destinazione

L'articolo di riferimento è il 2645 ter del Codice civile (vedi Appendice).

Osservazioni:

- in questo istituto il vincolo è sul bene immutabile.
- un bene che non può essere per nessun motivo venduto, scambiato, comunque permutato.
- manca del tutto qualsiasi attività, nessun *facere viene preso in considerazione dal legislatore.* Che cosa posso fare su quell'immobile se non è prevista nessuna "attività" ad esso connessa?
- il negozio giuridico, assolutamente statico, si perfeziona con la registrazione, e non prevede nient'altro.
- la destinazione del bene si risolve in ultima istanza nell'assunzione dell'impegno a non mutarne la destinazione.

Manca la presenza di un programma.

Trancianti, ma chiare e pertinenti, le espressioni utilizzate a tal proposito nell'introduzione al D.L. da parte della Senatrice Riccardi:

«L'Italia, che certamente è il Paese di civil law nel quale il trust si è maggiormente affermato, ha sinora ritenuto di proporre soluzioni originali: ne sono prove recenti i patrimoni destinati a uno specifico affare (articoli 2447-bis e successivi del Codice civile) e i **vincoli di destinazione (articolo 2645-ter del Codice civile).** *Queste innovazioni si sono rivelate di scarsa efficacia e*

mai competitive rispetto al trust, al punto che nell'ultima occasione il legislatore si è arreso e, volendo favorire l'istituzione di rapporti giuridici per la protezione dei disabili gravi (legge 22 giugno 2016, n. 112), ha espressamente indicato il trust, lasciando così il campo alle leggi sul trust di altri Paesi.

1.Nella legge n. 112 del 2016, tuttavia, è stata indicata anche una seconda tipologia: il Contratto di Affidamento Fiduciario, che la legge ha collocato a fianco del trust, postulandone la sostanziale corrispondenza funzionale."

Percorso di avvicinamento……

E nel nostro ordinamento dove è invece possibile trovare traccia di un "programma" all'interno di un negozio giuridico? Con quali vantaggi? Vediamone alcuni esempi.

L'Esecutore Testamentario

Gli articoli di riferimento sono: 700 e seguenti del Codice civile.

Consideriamo la portata degli articoli 700, 703, 706 e 710 che delineano le *caratteristiche fondamentali attribuite all'Esecutore Testamentario:*

- lui ha un programma da eseguire, delle attività da svolgere ad esso funzionali: «[...] deve amministrare [...], compiere tutti gli atti di gestione occorrenti [...]».
- una libertà di azione espressamente riconosciuta nel compito affidato: lui «procede alla divisione».
- il carico di fiducia associato a questa libertà di azione è destinato a concretizzarsi in un incarico fiduciario, al punto che in caso di "menomazione di tale fiducia" è previsto l'esonero dall'ufficio.
- ad accostarlo ulteriormente al Contratto di Affidamento Fiduciario, come avremo modo di constatare, anche lo sforzo del legislatore di dare continuità al suo ufficio mediante un pur imperfetto meccanismo di sostituzione: «il testatore può autorizzare l'esecutore testamentario a sostituire altri a se stesso, qualora egli non possa continuare nell'ufficio».
- Ecco, infatti, come testualmente si esprimono gli articoli citati letti nella loro interezza:

Art. 703

Funzioni dell'esecutore testamentario

L'Esecutore Testamentario deve curare che siano esattamente eseguite le disposizioni di ultima volontà del defunto [706].

A tal fine, salvo contraria volontà del testatore, egli deve amministrare la massa ereditaria, prendendo possesso dei beni che ne fanno parte [709].

Il possesso non può durare più di un anno dalla dichiarazione di accettazione [702], salvo che l'autorità giudiziaria, per motivi di evidente necessità, sentiti gli eredi, ne prolunghi la durata, che non potrà mai superare un altro anno.

L'esecutore deve amministrare come un buon padre di famiglia [1176] e può compiere tutti gli atti di gestione occorrenti.

Quando è necessario alienare beni dell'eredità ne chiede l'autorizzazione all'autorità giudiziaria, la quale provvede, una volta sentiti gli eredi.

Qualsiasi atto dell'Esecutore Testamentario non pregiudica il diritto del chiamato a rinunziare all'eredità [519] o ad accettarla col beneficio d'inventario [484].

Art. 706

Divisione da compiersi dall'Esecutore Testamentario

Il testatore può disporre che l'Esecutore Testamentario, quando non è un erede o un legatario, proceda alla divisione [713 ss.] tra gli eredi dei beni dell'eredità.

Art. 710

Esonero dell'esecutore Testamentario

Su istanza di ogni interessato [c.p.c. 100], l'autorità giudiziaria può esonerare l'Esecutore Testamentario dal suo ufficio per gravi irregolarità nell'adempimento dei suoi obblighi, per inidoneità all'ufficio o per aver commesso azione che ne menomi la fiducia.

Art. 700

Facoltà di nomina e di sostituzione

Il testatore può nominare uno o più esecutori testamentari [5872] e, per il caso che alcuni o tutti non vogliano o non possano accettare [702], altro o altri in loro sostituzione.

Se sono nominati più Esecutori Testamentari, essi devono agire congiuntamente [708, 7162], salvo che il testatore abbia diviso tra loro le attribuzioni o si tratti di provvedimento urgente per la conservazione di un bene o di un diritto ereditario [2258].

Il testatore può autorizzare l'Esecutore Testamentario a sostituire altri a se stesso, qualora egli non possa continuare nell'ufficio.

Riflessione

Invito il lettore a rivedere nello specifico il capitolo dedicato (vedi cap. 4.1) alla figura dell'Esecutore Testamentario quando avrà completato l'iter proposto da questo testo e avrà appreso le caratteristiche fondamentali del Contratto di Affidamento

Fiduciario; in tal modo sarà in grado di valutare le potenzialità operative laddove si pensi di poter attribuire all'interno di un testamento allo stesso Esecutore Testamentario le funzioni di affidatario fiduciario.
Utile allo scopo è evidenziare fin da subito il c. 4 dell'Art. 1 del D.L.

Art. 1

Negozio di affidamento fiduciario

4. *Qualora il negozio di affidamento fiduciario sia contenuto in un testamento, l'accettazione della qualità di affidatario fiduciario è disciplinata dalle disposizioni vigenti sulla accettazione della nomina di Esecutore Testamentario. Nei casi in cui l'affidatario fiduciario coincide con l'Esecutore Testamentario, non si applica quanto previsto dal terzo comma dell'articolo 703 del Codice civile.*

Il professionista cui sono affidate la gestione e la liquidazione del patrimonio nell'ambito delle disposizioni in materia di composizione delle crisi da sovraindebitamento del consumatore (Legge gennaio 2012 n. 3).

Confrontiamoci con il dettato della norma: serve allo scopo riprendere il disposto del c. 1 dell'Art. 7 e del c. 1 dell'Art. 13:

Art. 7

[...] il piano può anche prevedere l'affidamento del patrimonio del debitore ad un fiduciario per la liquidazione, la custodia e la distribuzione del ricavato ai creditori.

Art. 13

[...] il giudice, su proposta dell'organismo di composizione della crisi, nomina un liquidatore che dispone in via esclusiva degli stessi e delle somme incassate. Si applica l'articolo 28 del regio decreto 16 marzo 1942, n. 267.

Al professionista incaricato della gestione della liquidazione e della custodia del patrimonio, si noti, viene attribuito un Affidamento Fiduciario. Dal testo di legge emergono, infatti, le attribuzioni proprie dell'Affidatario Fiduciario, che avremo modo di confermare nell'analisi successiva e cioè:

- Libertà di azione
- Carattere fiduciario dell'incarico in quanto:
- eseguito nell'esclusivo interesse di terzi;
- per l'attuazione di un programma che, giusto perché finalizzato all'interessi dei terzi, non concede margini per interessi propri diretti o indiretti.

➢ Con un corollario funzionale incontestabile: la *segregazione dei beni.*

Chi mai può immaginare che questi beni possano, ad esempio, aggrediti dai creditori personali dell'affidatario?

Attribuzioni che, appunto, constateremo essere proprie dell'Affidatario Fiduciario e che, calate in questo contesto, permettono di attribuire efficacia operativa all'utilizzo del Contratto di Affidamento Fiduciario.

....Il programma....

Nel Contratto di Affidamento Fiduciario ad essere preminente è il **programma** con associate le seguenti fondamentali caratteristiche, che raccomando al lettore di fare fin da subito proprie:

➢ L'obbligo di svolgere un'attività da parte dell'affidatario: si tratta di un'attività vera e "dinamica", mai statica (vedi *a contrariis* in tutta evidenza il riferimento ai vincoli di destinazione).

➢ L'attività dell'Affidatario Fiduciario è "vincolata al programma". L'attività da svolgere è al servizio del programma ed è tanto centrale da essere preminente sulla stessa figura dell'affidatario al punto da prevederne la sostituzione.

La Dottrina incisivamente si esprime con la terminologia: è l'"attività vincolata" (al programma), non anche ai "beni vincolati", (ancora una volta il riferimento *a contrariis* è ai vincoli di destinazione).

➢ L'affidatario ha una libertà a 360° nello svolgimento della sua attività su quei beni: li può vendere, acquistarne altri, locare, dare in comodato se trattasi di beni immobili, investire altrove la liquidità... con un unico vincolo: il rispetto del programma.

In merito, si esprime con efficacia sul punto il D.L. all'Art. 3, comma 1:

Art. 3.

Patrimonio affidato

1. I beni, presenti o futuri, determinati o determinabili, trasferiti dall'affidante o da terzi all'affidatario fiduciario ovvero da quest'ultimo vincolati all'esecuzione del programma, nonché ogni loro frutto e accrescimento e ogni trasformazione o permutazione in altri beni per effetto di alienazione o di altra causa costituiscono un patrimonio, denominato "patrimonio affidato.

➢ Dove, ad avvalorare la funzione del programma, vengono *graduati gli interessi da realizzare*. In tal modo si mette in condizione l'affidatario di svolgere la sua attività secondo priorità prefissate e allo stesso tempo di trarre un metro di giudizio sul suo comportamento e sulla valutazione della correlata responsabilità.

Graduazione degli interessi che allo stesso tempo ci permette di giudicare la meritevolezza, comunque richiesta dall'ordinamento giuridico: il riferimento è ovviamente all'Art. 1.322 cc, comma 2. La meritevolezza implica la liceità del comportamento: ad esempio, con riferimento alla disciplina successoria significa dover rispettare la quota di legittima.

In riferimento a quest'ultimo aspetto, si può notare per inciso il fatto che il Contratto di Affidamento Fiduciario non potrà mai essere considerato un patto successorio per effetto delle condizioni di carattere negoziale.

- Ogni Contratto di Affidamento Fiduciario, avendo un proprio programma, ha una sua propria causa.
- E dove, a supporto del programma, il Contratto di Affidamento Fiduciario appresta al suo interno dei meccanismi che forniscono una potente garanzia di attuazione e protezione degli interessi ivi espressi.

Questi **meccanismi**, oggetto di successiva analisi (vedi cap. 2.5, Struttura del contratto), consentono, *in quanto sempre inseriti nel Contratto di Affidamento Fiduciario*, di dare risposta ad ogni possibile conflitto e di evitare il ricorso al Giudice. Una reale supremazia dell'autonomia privata sulla tutela giurisdizionale, assai difficilmente riscontrabile

2.4 I soggetti coinvolti

Approfondimenti, caratteristiche e specificità.

L'affidante, l'affidatario, i beni...

Messa in luce la centralità e le caratteristiche fondamentali del programma con i suoi principali corollari, riprendiamo l'analisi e l'approfondimento degli elementi del contratto utilizzando, in quanto utile alla comprensione, il raffronto con il trust.

- **L'affidante/ l'affidatario**:

Come il disponente nel trust, l'affidante è, sì, colui che mette a disposizione i beni ma è anche colui che *contrae* con l'affidatario fiduciario, riqualificando totalmente il rapporto tra di loro rispetto al binomio disponente/*trustee* nel trust: come già osservato, ad un negozio giuridico unipersonale si contrappone un contratto.

Ne fa infatti riscontro il già riportato Art. 1, comma 1, che così si esprime:

«[...] L'affidante e l'affidatario fiduciario convengono [...]».

La figura dell'affidatario fiduciario, tuttavia, in quanto tutta dedita al programma, è totalmente sganciata e indipendente dall'affidante: in tal senso si parla di «autonomia dell'affidatario fiduciario rispetto all'affidante».

Vale la pena di soffermarsi su un interessante aspetto di confronto nel rapporto che nel trust esiste tra il *trustee* e il disponente, rispetto al rapporto che esiste tra affidante e affidatario fiduciario; aspetto schematicamente bene evidenziato dalla Senatrice Riccardi nella presentazione al D.L., cui lascio la parola:

«L'affidante, che è titolare di diritti verso l'affidatario fiduciario mentre il settlor di un trust è assolutamente privo di tutela verso il trustee[…]».

Come nel trust anche nel Contratto di Affidamento Fiduciario l'affidante può morire, divenire incapace, ecc.; il negozio continua anche in sua assenza. Identicamente avviene per l'affidatario per il quale saranno previste in atto le norme relative alla sua successione. Regola valida anche per il garante.

L'affidante, tuttavia, non va sempre pensato come solamente colui che mette a disposizione i beni; nulla esclude che possano essere inseriti beni da parte dell'affidatario quando le risorse gli siano state fornite in precedenza dall'affidante o altro ancora.

Non a caso il D.L. al c.1 dell'Art. 3, come abbiamo avuto modo di constatare, quando si riferisce al Patrimonio Affidato indica espressamente «beni […] trasferiti dall'affidante o da terzi […]».

Su questo punto avremo modo di ritornare.

- **La fiducia riposta nell'affidatario fiduciario**

La fiducia accomuna i due istituti, il trust e il Contratto di Affidamento Fiduciario anche se nel secondo va collocata come asservita al programma. All'affidatario fiduciario è connessa la stessa fiducia con identica ampiezza, quella che discende dall'*equity* e che costituisce la caratteristica saliente dell'attività del *trustee*: si tratta di un'attività volta al solo ed esclusivo vantaggio dei beneficiari e alla quale sono riconducibili *obbligazioni fiduciarie*.

Si tratta di quelle obbligazioni, fortemente caratterizzate da altruismo che, appunto, essendo ad esclusivo vantaggio dei beneficiari, presuppongono ed impongono le seguenti importanti attribuzioni: correttezza, totale buona fede, assenza di conflitto di interessi, diligenza richiesta dal compito assunto, obbligo di rendicontazione. Caratteristiche fondamentali, che conducono all'impossibilità da parte di chi rivesta la funzione di affidatario di poterne mai trarre vantaggio, nemmeno quando sia mai derivato danno alcuno nei confronti di chi debba trarre vantaggi dal contratto, aspetto di cui si occupa il c. 3 dell'Art. 8 D.L.
Le caratteristiche elencate sono messe in luce dai commi 1 e 2 dell'Art. 8 del D.L., che vanno assolutamente fatte proprie dal lettore, soprattutto se poco confidente con l'istituto del trust.

Art. 8.
Obbligazioni dell'affidatario fiduciario

1. L'affidatario fiduciario si comporta secondo correttezza e buona fede. Nello svolgimento delle sue mansioni, l'affidatario fiduciario:

a) *agisce quale soggetto tenuto a soddisfare esclusivamente interessi altrui e non compie alcun atto dal quale possa ricavare vantaggio, neanche indiretto;*

b) *usa la diligenza che un soggetto avveduto userebbe nelle medesime circostanze rispetto a beni propri;*

c) *se svolge professionalmente l'attività di affidatario fiduciario, impiega la competenza che è ragionevole attendersi da un professionista.*

2. L'affidatario fiduciario deve rendicontare il suo operato per iscritto con la periodicità opportuna dettata dalle circostanze ma, almeno una volta all'anno, ai soggetti indicati nel negozio e, in ogni caso, ai beneficiari, secondo l'interesse di ciascuno [...].

Il successivo Art. 9 D.L., dedicato all'Inadempimento, fornisce ai commi 2 e 3 la misura e la portata connesse alla **fiducia** e all'estrema severità qualora questa venga tradita:

Art. 9

Inadempimento

3. L'affidatario fiduciario che non abbia adempiuto alle proprie obbligazioni è tenuto, fermo il diritto al risarcimento spettante all'affidante e ai beneficiari che siano stati direttamente danneggiati, a ripristinare il patrimonio affidato nella consistenza che esso avrebbe avuto qualora egli avesse adempiuto alle proprie obbligazioni.

4. L'affidatario fiduciario è tenuto a trasferire nel patrimonio affidato ogni vantaggio indebitamente ottenuto dalla sua posizione di affidatario fiduciario, anche se nessun danno ne sia seguito ai beneficiari.

Con la fiducia non si scherza.

È pertanto insanabile il patto che escluda la responsabilità dell'affidatario fiduciario per dolo o colpa grave o mala fede o per atti compiuti in conflitto di interessi: norma che vediamo riportata al c. 2 dell'Art. 10, tra quelle che di certo mai potranno essere modificate dal legislatore in sede di conversione in Legge del D.L.:

Art. 10

2. È nullo qualsiasi patto che escluda o limiti preventivamente la responsabilità dell'affidatario fiduciario per dolo o colpa grave o mala fede o per atti compiuti in conflitto di interessi.

- **Rapporto fiducia/affidatario**

Collegata alla **fiducia** è una caratteristica altrettanto speciale, ma conseguente, che va assimilata, trattandosi di un aspetto assai lontano dalla nostra *civil law*.

L'**affidatario** in questo contesto non incarna propriamente una controparte contrattuale; in verità non lo può essere nemmeno dal punto di vista economico/patrimoniale, non essendo i beni economicamente *suoi* (come abbiamo già visto nella definizione di **patrimonio affidato** all'Art. 3) né in quanto potrà mai trarre vantaggio alcuno dal suo ufficio, come abbiamo appena constatato.

Ripartiamo dall'Art. 1, comma 1:
«l'affidante e l'affidatario fiduciario convengono sul programma...»
A ben riflettere appare evidente che sul programma entrambi i contraenti debbano trovarsi assolutamente concordi in quanto nel momento in cui *l'affidante si affida all'affidatario fiduciario* costui, sottoscrivendo il contratto, nel rispondere alla proposta dell'affidante, *la fa propria* con la sua accettazione, con il conseguente impegno a realizzarlo.
Si privilegia il risultato perché si vuole dare valore, *affidamento*, ad un sottostante *obiettivo condiviso* cui si attribuisce una valenza ed un riconoscimento che addirittura assurgono ad *esigenza sociale*.
Non è casuale, infatti, che si preveda nel Disegno di Legge, espressamente al comma 6 dell'Art. 1, in perfetta sintonia con la norma appena esaminata sull'inadempimento ma ancor più con lo spirito di questo negozio, che:

Art. 6

Salvo diversa pattuizione fra le parti, l'esecuzione dell'affidamento fiduciario si presume gratuito.

Trovandoci di fronte alle colonne portanti dell'istituto, in questo caso l'*affidamento*, proviamo a soffermarci su di esso per contestualizzare il concetto di *esigenza sociale* e a considerarlo, ad esempio, in un testamento dove si trovi scritto:

«[...]affido al mio caro amico Mario dopo la mia morte il compito di gestire nel migliore dei modi la somma di [...] a favore di [...].»
Si tratta di una comune volontà testamentaria, si noti bene, radicata nel contesto sociale passato ed attuale. Volendo assegnare allo spirito che la anima una valenza giuridica, va dapprima riconosciuto che ci troviamo di fronte non ad una esigenza individuale ma sociale. Situazione, peraltro, da sempre presente nel pensiero e nella comune coscienza sociale, ben prima ancora che come presenza a livello normativo. Lo stesso Gesù Cristo usa testualmente il termine "affida" con il medesimo carico di significati nella parabola dei talenti.
I talenti vengono consegnati al servo che assomma su di sé:
- la fiducia come sopra delineata;
- la piena e libera gestione;
- la diligenza e la lealtà del comportamento;
- la corrispondente responsabilità: in quel caso una responsabilità generosa o tremenda (con la fiducia non si scherza).

Che questo *affidamento* avesse una radicata valenza sociale lo si vede bene: non c'è stato bisogno di aggiungere nulla che fosse finalizzato alla comprensione degli uomini del tempo come a quelli di oggi e nemmeno agli uomini situati fuori dal territorio della Palestina.
In capo **all'affidatario fiduciario**, quale figura concepita all'interno del Contratto di Affidamento Fiduciario, appare di tutta evidenza l'importanza:

- del compito affidato;
- le aspettative di risultato;
- la rilevanza data all'aspetto della spendita della fiducia.

Una riflessione *a contrariis* marca bene le *distanze dai negozi gestori* dove è evidente, invece, il diverso peso specifico circa l'obbligo delle prestazioni facenti capo ad una *persona incaricata*, alla quale si attribuisce una responsabilità e che in tale veste assume il connotato di *persona obbligata*. Nella normalità dei casi, infatti, la persona obbligata è legata a una serie di norme conseguenti come quella relativa all'inadempimento, alla risoluzione del contratto [...]. Norme di cui il Contratto di Affidamento Fiduciario non ha la necessità di fare ricorso come vedremo più oltre.

➢ **Rapporto beni/affidatario /beneficiari**

Abbiamo visto e ripetuto, considerando il comma 1 dell'Art. 3, la valenza dinamica dell'attività da svolgere da parte dell'affidatario fiduciario. Serve ora aggiungere il particolare rapporto dominicale sui beni in capo allo stesso e la connessa temporaneità. Concetti che chi ha confidenza con l'istituto del trust trova famigliari e che vengono ben espressi dai commi 3 e 4 dell'Art. 3. Ancora una volta, un dettato normativo che, diversamente da quel che spesso accade, riesce ad esprimere con chiarezza e naturalezza concetti che non appartengono alla *civil law*.

Art. 3

Patrimonio affidato

3. Il patrimonio affidato:

a) *appartiene temporaneamente all'affidatario fiduciario, che esercita su di esso ogni facoltà dominicale entro i limiti posti dal contratto;*

b) *è distinto dal patrimonio personale dell'affidatario fiduciario e da altri patrimoni affidati al medesimo;*

c) *è escluso dal regime patrimoniale della famiglia e dalla successione ereditaria, è impignorabile e insequestrabile da chiunque se non per l'esecuzione di obbligazioni attinenti all'attuazione del programma o da essa originate.*

4. I beni del patrimonio affidato sono tenuti dall'affidatario fiduciario separati dai propri. I beni affidati sono singolarmente identificabili come tali, nei modi più idonei secondo la relativa natura. L'affidatario fiduciario, qualora sia obbligato alla tenuta delle scritture contabili, deve contabilizzare il patrimonio affidato separatamente.

- Si tratta di concetti che incarnano la ***segregazione dei beni*** **affidati.** Infatti:
- i beni non appartengono all'affidatario, non sono "suoi" secondo il dettato dell'Art. 2740 c.1: a lui è associata una facoltà domenicale e insieme temporanea nei limiti posti dal contratto. Mai alcuna obbligazione personale dell'affidatario potrà intaccare

i beni del Patrimonio vincolato, che però non appartengono nemmeno più all'affidante: nessun creditore di questi potrà aggredirli.

➢ solo il Patrimonio Vincolato, pertanto, risponde delle obbligazioni poste in essere dall'affidatario nell'esercizio della sua funzione istituzionale.

Come puntualmente conferma il comma 3 dell'Art. 11 D.L., esso condiziona la responsabilità personale dell'affidatario al preciso obbligo di far menzione del proprio ufficio a coloro con i quali, in tale veste, debba assumere obbligazioni contrattuali.

Ecco l'articolo, di agevole lettura, che invito a prendere visione nella sua interezza (in Appendice).

Art. 11

Rapporti dell'affidatario fiduciario con i terzi

3. L'affidatario fiduciario risponde dell'adempimento delle proprie obbligazioni legali, contrattuali ed extracontrattuali con il solo patrimonio affidato. Nel caso in cui non abbia fatto espressa menzione della propria qualità prima di assumere contrattualmente un'obbligazione, l'affidatario fiduciario risponde anche con il proprio patrimonio personale, con diritto di rivalsa sul patrimonio affidato.

-Senza da ultimo dimenticare, in tema di segregazione, che questa attribuzione è nella Legge 112/2016 (Dopo di Noi) nella parte in cui si preoccupa esplicitamente di assicurare che i beni non possano essere distolti dalla loro destinazione.

➢ Tuttavia, se è pur vera l'affermazione che i beni non appartengono più all'affidante e che per tale motivo non dovrà più preoccuparsi che possano essere aggrediti dai suoi personali creditori, mi sento di esprimere un mio personale compiacimento per una norma, contenuta nell'Art.16 D.L., (vedi Appendice): seppur a prima vista ridondante, essa disciplina esplicitamente, sia pur dal punto di vista procedurale, l'Azione Revocatoria. Ce n'era bisogno? Il concetto di segregazione, propriamente o no, come sappiamo viene tout court identificato con la **protezione dei beni.** Soltanto chi ha alle spalle l'esperienza sul cattivo uso che si è fatto del trust nel nostro Paese e quanto esso abbia contribuito a creare diffidenza nei confronti dei cittadini onesti, può comprendere quanto una siffatta norma possa essere bene accolta anche ai fini del successo del Contratto di Affidamento Fiduciario. La segregazione dei beni va intesa in funzione dell'attuazione del programma e non certo a servizio di chi voglia abusarne: in tal senso contribuisce alla "stabilità del programma".

➢ Due ultime osservazioni per concludere sull'argomento, che possono essere passate inosservate, ma che fanno chiarezza ulteriore sulla identità del Contratto di Affidamento Fiduciario, rispetto al trust:

➢ l'Art. 3 comma 1, del D.L. afferma che tra i beni facenti parte del Patrimonio Affidato possono esserci anche quelli “trasferiti da terzi”. Si tratta di una connotazione di interesse se la si confronta con l’identica possibilità offerta dal trust: a condizione però che qui si tenga presente che i beni sono comunque vincolati al programma, *quello espresso in quel determinato Contratto* di Affidamento Fiduciario, dove, pertanto, il terzo non può esprimere una propria personale autonomia. Osservazione che serve ancor più ad avvalorare, se ce ne fosse ancora bisogno, la centralità del programma.

- L’Art. 1 al comma 1 parla di programma da attuare «impiegando uno o più beni a favore di uno o più beneficiari».

Come si può notare non si fa menzione **ad uno scopo**: diversamente dal trust che esiste anche per uno scopo, il Contratto di Affidamento Fiduciario finalizzato ad uno scopo non viene espressamente considerato nel D.L. Se ben si riflette, infatti, non si tratta mai di beni destinati ad uno scopo bensì di un programma per la realizzazione del quale è costituito un patrimonio affidato. Di questa possibilità non sembra ammettersi l’esistenza nemmeno se consideriamo la definizione dell’Art. 5 D.L., intestato ai **beneficiari,** che di seguito propongo all’attenzione del lettore:

Art. 5.

Beneficiari

1. Il negozio:

a) *indica i beneficiari o le modalità relative alla loro individuazione;*

b) *determina i diritti dei beneficiari sul patrimonio affidato e sui suoi frutti e utilità.*

2. *Possono essere beneficiari i discendenti di una determinata persona vivente al tempo della conclusione del negozio, benché non ancora concepiti.*

3. *È valida la disposizione del negozio che rimette all'affidante o all'affidatario fiduciario o a un terzo:*

a) *l'indicazione dei beneficiari tra più persone determinate o appartenenti a determinate famiglie o categorie di persone o tra più enti;*

b) *la determinazione dei diritti dei beneficiari o di alcuni fra essi.*

4. *Tra i beneficiari possono essere indicati:*

a) *l'affidante, purché non rivesta la qualità di affidatario fiduciario;*

b) *l'affidatario fiduciario.*

Il garante

È colui «al quale sono attribuiti poteri di vigilanza sull'esecuzione del [...]» Contratto di Affidamento Fiduciario come recita l'Art. 1, c. 5 del D.L. Avremo modo, in particolare esaminando le norme sulla struttura, di vedere quali latitudini possa assumere questo ufficio al servizio dell'attuazione e della stabilità del programma.

La durata

Pur prevista dal c. 1 dell'Art. 1 del D.L. in massimo novant'anni, è evidente come essa pure sia asservita all'attuazione del programma, alla sua impossibilità di continuazione, alla consistenza del patrimonio affidato ad un termine, alla stessa mancanza di beneficiari (come espressamente prevede l'Art. 6 del D.L.). Molte saranno le situazioni che potranno concretamente intrecciarsi e presentarsi, in funzione degli interessi in gioco, alle situazioni contemplate dal contratto.

La forma del contratto

La regola generale viene confermata dal dettato del c. 3 dell'Art. 1 che prevede la forma scritta, nonostante nulla vieti che le parti possano ricorrere all'atto pubblico. In considerazione della delicata attività, come ben delineata più sopra, dedicata all'attuazione del programma, sembra indispensabile pensare *sempre e in ogni occasione a documenti aventi data certa.* Necessità che vedremo ancor più inderogabile in riferimento agli atti nascenti da negozi di autorizzazione e dai negozi di autotutela, più oltre considerati. L'atto pubblico è sempre richiesto quando si affronti un Contratto di Affidamento Fiduciario che voglia beneficiare dei vantaggi offerti dalla Legge 112/2016, conosciuta come Legge Dopo di Noi, ricorrendo a tutti gli altri requisiti richiesti.

Altra cosa rispetto al contratto è il trasferimento dei beni: negozio distinto dal primo e che deve ovviamente seguire le ordinarie regole di forma. È evidente che, se ad essere trasferiti sono beni immobili, è richiesto l'intervento del notaio.

La "variabilità" delle parti del contratto

Cosa intendo con "variabilità" delle parti? Un fenomeno cui non siamo abituati nel trust, non così accentuato, soprattutto quando vedremo azionati i negozi di autorizzazione e di autotutela. Per capirci, in quel contesto abbiamo assistito per anni alle ripetute bocciature da parte della Magistratura dello *sham* trust; per anni ci siamo imbattuti nell'estrema ostilità da parte del fisco nei confronti del trust autodichiarato e molto altro.

Niente di tutto ciò con il Contratto di Affidamento Fiduciario, dove le parti sono sempre funzionali al ruolo e il tutto al programma.

Può accadere che: «*l'affidante assuma temporaneamente la qualità di affidatario fiduciario [...] purché il programma non vada, anche solo parzialmente, a vantaggio dell'affidante*". Come prevede l'Art. 4, c. 1 del D.L.

Può accadere che «*tra i beneficiari possono essere indicati:*

a) l'affidante, purché non rivesta la qualità di affidatario fiduciario;

b) l'affidatario fiduciario.» Come prevede l'Art. 5 al c. 4.

Può accadere che "un terzo" possa dare indicazioni circa i beneficiari da scegliere piuttosto che provvedere lui a determinarne i diritti (vedi c. 3 Art. 5).

E molto altro, come vedremo affrontando la successiva trattazione sulla Struttura.

Per ora soffermiamoci sul fatto che i soggetti in campo, con l'eccezione dell'affidante, di regola non possono mancare né per incapacità sopravvenuta, né per morte, né per volontà di "uscire" dal contratto.

In prima istanza, supplisce di norma l'atto che provvederà a far sì che ciò non accada, prevedendo la successione di questi attori in campo, non diversamente dagli atti istitutivi di trust. Qui, però, serve "presidiare" il programma. Così il panorama cui siamo abituati ad assistere all'interno del trust si ampia notevolmente.

Non dimentichiamo, infatti, che vale sempre il primato dell'attività, dell'azione rispetto alle parti, alle persone in campo, ecc. sempre e comunque finalizzato alla attuazione del programma.

L'affidatario fiduciario: un mandato?

Un approfondimento.

Abbiamo avuto modo di recepire che l'affidatario nel contesto del Contratto di Affidamento Fiduciario è un «soggetto istituito a vantaggio di qualcun altro.» Non è un prestanome: è un soggetto delegato ad un ufficio «con le qualità del padrone che vuole eseguire ciò che il padrone gli ha affidato». L'affidatario nell'esecuzione della sua funzione è legato al programma e il suo ruolo, il suo ufficio, non possono mai prevalere, prevaricare il programma: tanto che, come già affermato, si potrà sempre provvedere alla sua sostituzione.

Risulta evidente il fatto *che* venga esaltata la funzione rispetto alla persona, come mi sono fin qui sforzato di evidenziare.

Il giurista non incorra però nell'errore di accostarlo al **mandato**.

A tal proposito invito a considerare le riflessioni che seguono:

- nel Contratto di Affidamento Fiduciario non vi è attività *per conto*;
- l'affidante non può modificare il programma;
- l'affidatario non deve rendere direttamente conto all'affidante;
- il mandatario, di contro, deve adeguarsi alle istruzioni ricevute e tenere puntualmente informato il mandante sui fatti di rilievo;

- il mandato cessa con il compimento dell'acquisto e, certamente, con la morte del mandante; non l'affidatario che continua il suo ufficio: altri lo sostituiranno;
- l'affidatario fiduciario non ha nessun obbligo a ritrasferire alcunché; semmai con la disposizione del bene nel Patrimonio Affidato e solo allora inizia operativamente il suo operato;
- l'affidatario non mette a disposizione risorse proprie; al contrario del mandatario, che, in tale circostanza dovrà farsi carico di un'amministrazione che contemperi gli interessi del mandante;
- l'inadempimento, l'inerzia, l'eccessiva onerosità non comportano la risoluzione del contratto in capo all'affidatario ma la sua sostituzione, permettendo la continuazione del contratto con un altro affidatario. Meccanismi che, come più volte annunciato, permettono la risoluzione dei conflitti senza dover accedere al Giudice;
- alla libertà di azione dell'affidatario si contrappone l'obbligo del mandatario alle istruzioni del mandante e l'obbligo costante di informazione. La libertà d'azione dell'affidatario fiduciario è solo vincolata a quelle che abbiamo chiamato "obbligazioni fiduciarie" (correttezza, buona fede, diligenza, soddisfacimento degli interessi altrui). Una libertà di azione, quella del mandatario, che non è in grado di competere con quella dell'affidatario fiduciario se solo si presta attenzione, in aggiunta, ai poteri di questi in ordine: all'individuazione dei beneficiari, alla

decisione circa le loro attribuzioni, la possibilità di allungare la durata del contratto, alle innumerevoli decisioni da assumere nelle più svariate circostanze non previste e per le quali sia indispensabile un autonomo giudizio, alla possibilità/dovere di permutare i beni. Circa l'ampiezza dei poteri in capo all'affidatario, si può a ragione affermare che sono tali in quanto qualificati e finalizzati al compimento del programma.

- La segregazione connaturata al Contratto di Affidamento Fiduciario. Solo essa impedisce la confusione dei beni; non altrettanto nel mandato;
- nessun vantaggio, salvo un compenso, se determinato, è previsto per l'affidatario fiduciario.

2.5 La struttura del contratto

In particolare, l'autotutela e il negozio autorizzativo

Fino a qui il programma, gli elementi caratterizzanti, la fiducia, l'affidatario, la segregazione.... Se, ipoteticamente, il Contratto di Affidamento Fiduciario potesse essere già, da quanto finora descritto, considerato definito e completo, ritengo che così attrezzato sarebbe già in grado di dare una notevole utilità e fare la differenza in termini di efficienza rispetto a molti negozi giuridici offerti dal nostro ordinamento.

Per rendercene conto invito il lettore a verificare la potenza espressa, ad esempio, in riferimento alle esemplificazioni (riportate più avanti) dedicate all'applicazione del contratto rispettivamente alla figura dell'Esecutore Testamentario e a quella del Professionista incaricato alla gestione della crisi da indebitamento a mente della Legge 3/2012. Il tutto, appunto, ipoteticamente, senza il ricorso strategico ai negozi di autotutela e autorizzazione.

Affronto finalmente in questo capitolo questi meccanismi, i negozi di autotutela e autorizzazione che con tanta efficacia permettono di pervenire all'attuazione di un programma.

Nel Contratto di Affidamento Fiduciario la struttura oggetto di analisi, deve assolvere il compito di reperire al suo interno, quindi nello stesso contesto contrattuale, risposte e soluzioni a qualsivoglia problematica: conflitti, inadempienze e altro ancora

di guisa che, come in più occasioni preannunciato, oltre che l'attuazione del programma, eviti il ricorso al Giudice.
Propongo, da qui in avanti, un cambio nella modalità espositiva che ritengo più utile dal punto di vista didattico. Anteporrò, dunque, gli articoli del testo del D.L. e, solo in seguito, lo sviluppo con i commenti. Pur impegnativi, li ritengo un'ottima e chiara sintesi, più accessibili in termini di comprensione rispetto ad un'esposizione dottrinale sistematica.
Abbiamo modo di constatare come il legislatore, sia pure *de jure condendo,* si sia assai bene adoperato a trasferire in norma le colonne portanti della struttura del Contratto di Affidamento Fiduciario. Sono convinto che ci sia riuscito nel migliore dei modi, non essendo di certo mancato l'ausilio decisivo di chi questo contratto lo ha creato. Certezza che chi ne ha studiato per anni i testi e ascoltato le lezioni non può che riconoscere nello stile come, peraltro, riconosce con estrema correttezza la Senatrice Riccardi nella Presentazione al Senato:
«Il testo che si presenta vuole essere anche un esercizio di coerenza linguistica e concettuale rispetto al Codice civile perché, pur trattandosi di una legge speciale, essa deve potere essere letta armonicamente nel contesto del diritto civile tradizionale.»
Tuttavia, ancora una volta e sempre alla ricerca di un supplemento di impegno, che è indispensabile per il lettore, ripropongo a supporto la riflessione del Prof. Lupoi:

«[…] i caratteri del Contratto di Affidamento Fiduciario, come da me proposto, non sono necessariamente intuitivi, anzi, sono decisamente contro-intuitivi come, ad esempio, l'esclusione dell'azione di risoluzione contrattuale […].»

Ecco di seguito gli articoli che si interessano maggiormente della **struttura**, preordinata alla "stabilità del programma".

Art. 9.

Inadempimento

1. Non è ammessa l'azione di risoluzione del Contratto di Affidamento Fiduciario per inadempimento dell'affidatario fiduciario.

Art. 13.

Sostituzione dell'affidatario fiduciario

1. Il negozio determina in quali circostanze l'affidatario fiduciario può sostituire o aggiungere altri a sé nei rapporti derivanti dal medesimo.

2. L'affidatario fiduciario non può chiedere la risoluzione del contratto per eccessiva onerosità né la riduzione della propria prestazione o la modificazione delle sue modalità di esecuzione, onde ricondurla a equità.

Art. 7.

Consensi

1. Il negozio determina in quali circostanze il preventivo consenso dell'affidante, del garante del contratto o di un terzo è richiesto per il valido compimento di un atto dell'affidatario fiduciario.

Art. 14.

Negozio di autorizzazione

1. È valida la disposizione con la quale l'affidatario fiduciario autorizza l'affidante o il garante o altri soggetti a trasferire a un diverso affidatario fiduciario i rapporti derivanti dal negozio di affidamento fiduciario e a compiere atti con effetti reali sul patrimonio affidato.

2. Il soggetto autorizzato è tenuto a esercitare il relativo potere quando un affidatario fiduciario:

a) *muoia o divenga incapace e manchi altro affidatario fiduciario;*

b) *chieda di essere liberato dalle proprie obbligazioni;*

c) *non abbia più il domicilio o uno stabilimento permanente nel territorio della Repubblica.*

Riflessione

Per chi ha letto con molta attenzione questi articoli del D.L. propongo una prima constatazione.

In un normale contratto ci troviamo di fronte alla elencazione di diritti ed obbligazioni in capo alle parti e ben difficilmente a rimedi efficaci al suo interno tali da poter evitare il ricorso alla tutela giurisdizionale.
Questi articoli, invece, portano diritti alla conseguenza opposta e cioè quanto possa diventare difficile non portare a termine un programma quando siano presenti, inserite nel contratto, le clausole che queste norme esprimono.
Proviamo a rendercene conto.

Analisi degli articoli e breve flashback di coordinamento

Per farlo, rinverdiamo in estrema sintesi alcuni concetti già espressi al fine di poter constatare come si innestano e fanno sistema con le norme riportate.
In premessa e ogni volta che si è potuto ribadire, è stato affermato che il Contratto di Affidamento Fiduciario nasce con l'intento di proteggere gli interessi espressi nel programma, cercando di attribuire stabilità a fronte di altri diversi interessi, personali, delle parti o a fronte di vari conflitti e patologie del contratto.
Interessi espressi nel programma che altro non sono che *gli interessi espressi dal nostro cliente,* da tutelare e oggetto del lavoro rimesso nelle mani del professionista.

- Abbiamo già visto che la morte o la sopravvenuta incapacità sia del fiduciante sia del fiduciario sia del garante, in generale, non incidono sulla continuità del contratto: non possono, o meglio non devono, mancare le regole per la successione del fiduciario e del garante, in caso di assenza del fiduciante.

Il *nuovo* fiduciario o garante subentra appieno nella posizione contrattuale del precedente per qualsivoglia ragione sostituito.

- Per il fiduciario valgono tutte le autolimitazioni espresse dal c.2 dell'Art. 3 già considerate: temporaneità dell'appartenenza del patrimonio affidato, distinzione di questo dal patrimonio personale, giammai destinato ad essere coinvolto dalla propria successione piuttosto che dal proprio regime patrimoniale.

All'appartenenza, pur temporanea, del patrimonio affidato in capo all'affidatario e alla sua dedizione agli interessi altrui è legata la risolubilità di qualsivoglia acquisizione fatta nel suo personale interesse.

- Il fascio di obbligazioni facenti carico all'affidatario si compendia nelle attribuzioni riportate nell'Art. 8, pure oggetto di precedente analisi: interesse esclusivo, importanza della sua collaborazione al compimento del programma, valenza sociale, diligenza, buona fede, correttezza.

- Ecco come su questo tessuto negoziale si incastonano l'inadempimento e la sostituzione dell'affidatario, rispettivamente espressi negli Artt. 9 e 13. Affrontiamo insieme l'analisi:

- **«l'inadempimento non può portare a risoluzione il contratto»**, è quanto afferma l'Art. 9:

trattasi di una prima colonna portante dell'istituto che la conversione in legge del D.L. non potrà modificare.
Abbiamo avuto modo di constatare l'estrema severità che, in caso di inadempimento, viene riservata all'affidatario, espressa dai c. 2 e 3 dello stesso articolo. La conseguenza è che l'inadempimento non avrà accesso alle aule del tribunale. Se mancasse questo divieto, quale sarebbe il destino riservato al programma, destinato ad «essere presidiato fino alla sua attuazione», se non quello di restare sospeso *sine die* in attesa di un giudizio? Con quali risultati? Con quali tempi di attesa? Ancora, con quali spese legali? Con quali danni? Irreparabili? Il destino riservato ad un normale contratto.
Divieto di risoluzione ribadito anche di fronte alle situazioni riportate nel comma 2 dell'Art. 13 che recita: «l'affidatario non può chiedere la risoluzione del contratto per eccessiva onerosità né la riduzione della propria prestazione o la modificazione delle modalità di esecuzione con necessità di ricondurla ad equità.»
Se l'affidatario:

- non può essere definito contraente in senso stretto;

- si trova impegnato, obbligato, a collaborare sempre e comunque anche alla stabilità del rapporto;
- con un rapporto che addirittura identifica una valenza sociale in quanto funzionale all'attuazione del programma allora:
- lui, **l'affidatario, non può mai chiedere la risoluzione del Contratto** di Affidamento Fiduciario.

La risoluzione del contratto è in tutta evidenza in contrasto, in antitesi, con l'attuazione del programma.
«L'azione di risoluzione per inadempimento nel contesto del Contratto di Affidamento Fiduciario non è un rimedio ma l'esatto opposto [...] la pronuncia della risoluzione porrebbe il programma nel nulla.»
La risoluzione del contratto è talmente in contrasto con l'attuazione del programma che neppure l'affidante potrebbe mai esonerare l'affidatario dall'adempimento del contratto.

➢ Deve allora essergli concessa la possibilità di farsi da parte o, come si usa dire oggi, di fornirgli una via di fuga:
«se da un lato ti obbligo a ..., dall'altro ti permetto di....»

➢ La soluzione ci viene offerta dal c. 1 dell'Art. 13 nel quale si prevede che il contratto determini le circostanze per le quali lui possa *sostituire* altri a sé. Ecco la via di fuga: lui può sostituire altri a se stesso. Semplicemente: «Mi faccio sostituire e me ne vado indenne da responsabilità».

Più semplice ed accessibile è la previsione espressa nel c. 1 dell'Art. 13: l'affidatario può anche *aggiungere* altri affidatari a se stesso; se solo si pensa alle specifiche professionalità che possono essere necessarie a fronte di patrimoni complessi con la conseguente necessità di farsi affiancare dall'avvocato, dall'ingegnere, dal commercialista...

- **Art. 7 D.L. (Consensi)**

Si tratta di un articolo assai breve ma ricco di sfaccettature. Vediamone alcune:

In prima battuta la lettura testuale ci dirige nella direzione di non lasciare solo l'affidatario nella sua attività: attività che possiamo immaginare complessa e non priva di difficoltà sotto tanti punti di vista; non ultimi quelli di carattere personale, non bastassero, poi, quelli di carattere economico. In questa ottica l'affidatario ai fini della validità di un atto è obbligato «in certe circostanze» a far ricorso al preventivo consenso rispettivamente dell'affidante, del garante e, *addirittura, di un terzo:* un assist, si direbbe, un bene per lui e per la missione da portare avanti.

Il dettato dell'Art. 7 va pesato, però, nella sua accezione più ampia perché allarga gli orizzonti di operatività concessi all'estensore del contratto. Si rifletta ad esempio sul fatto che:

- l'ordine dei soggetti, in prima battuta, intende indicare le priorità: prima l'affidante, se vivo e capace, di seguito il garante, poi *un terzo*.

- Il garante?

Ma è lo stesso garante conosciuto nella prima parte di questo testo quando si faceva riferimento all'Art. 1, c. 5? Quel comma, infatti, attribuisce al garante una ben chiara definizione che, letteralmente, gli riserva solo poteri di vigilanza. Qui il garante, lo si è notato, assume una portata e delle funzioni ben diversi e rilevanti, certamente assai utili se si comincia a intravedere qualche applicazione concreta.
Vediamone una per tutte, forse, la più vicina al lettore: quella prevista dalla Legge dopo di Noi dove si può incontrare, per chi ha dimestichezza col trust, il guardiano degli affetti, ufficio assai diverso da quello comunemente svolto da un normale guardiano.

- "Un terzo".

Chi è? Una comprensione immediata la si ricava se si pone mente ad un esempio di *consenso rilasciato da un beneficiario*: pensiamo alla situazione, abbastanza comune, di più eredi a fronte di un patrimonio affidato tutto, o quasi, composto da immobili, per la liquidazione dei quali viene richiesto un consenso: il terzo può essere uno di loro, oppure tutti insieme, oppure i figli piuttosto che i nipoti, il nipote più anziano avente la maggiore età, ecc., il consenso del papà rispetto ai suoi figli, anch'essi eredi, essendo mancata la mamma.

Ecco, allora, che il lettore incomincia ad intravedere, oltre alla complessità, anche «l'orizzonte di possibilità» del Contratto di Affidamento Fiduciario.

Ma riprendiamo:

➢ "un terzo":

perché no? Se previsto all'interno dell'atto lo stesso affidatario, pur già facente esplicitamente parte della categoria dei soggetti autorizzati ad esprimere un consenso. Ad esempio, un affidatario che si trovi a fronteggiare interessi contrapposti delle parti. Lui, per definizione sempre e comunque portatore degli interessi altrui, quelli affidategli dal contratto, in caso di contrasto con altri interessi, incarna il soggetto più adatto a decidere, "a dire l'ultima parola"; espressione efficace per esprimere il termine "consenso".

➢ Al contrario, un affidatario che si manifesti o diventi successivamente un soggetto inerte, uno che "frena", che non prende in mano la situazione, che non assume le decisioni che servono. Ecco altri che intervengono al posto suo: non manca, come visto dall'esposizione degli articoli, la soluzione data dall'Art. 14 del D.L., che vediamo poco oltre.

Ma proseguiamo l'analisi dell'Art.7:

- *consenso* è il titolo stesso dell'articolo.

Ma vediamolo al contrario, cioè in negativo: un *consenso* non dato, un divieto. L'ottica cambia radicalmente: all'affidatario viene imposto un divieto (a non liquidare un complesso immobiliare, a non operare un acquisto, a erogare un anticipo, ecc.).

E ancora:

- Consenso: abbiamo esordito identificandolo con il parere da richiedere obbligatoriamente da parte dell'affidatario nel senso più letterale del testo normativo.

Ma allora se, una volta richiesto, il pensiero dell'affidatario non è conforme rispetto a colui o a coloro che hanno già espresso un parere diverso dal suo? Può succedere?

In questo caso, se tali soggetti coincidono con i *soggetti autorizzati* previsti e definiti dal successivo Art. 14, costoro avranno la prevalenza, in quanto soggetti individuati nel contratto e destinati a prevalere sugli altri. Coloro ai quali, appunto, *spetta l'ultima parola.*

Risultato: Il programma va avanti.

Queste sono solo alcune delle situazioni di criticità e di stallo che si creano tenendo conto di un programma complesso che si dilata nel tempo. Quando sia data la possibilità di individuare qualcuno che esprima un consenso e che possa "dire l'ultima parola" *di fatto si permette che la necessaria attività esecutiva prosegua e in tal modo si evita che si impantani nelle secche della giustizia ordinaria.*

Ecco come, agli occhi del giurista, comincia a delinearsi e a prendere corpo il concetto di risoluzione dei conflitti rimessi all'autonomia privata.

- **L'Art. 14, negozio di autorizzazione**:

È l'articolo che al massimo grado esprime l'interesse oggettivamente preordinato alla realizzazione del programma dell'affidamento e, di conseguenza, l'interesse di coloro ai quali questo programma ha destinato dei vantaggi.

Accessibile e conseguente nel contesto fin qui portato avanti, il c. 2 dell'Art. 14 dal quale cominciare l'analisi. Infatti:

a sistema con tutti i meccanismi fin qui analizzati, (tutti e sempre orientati alla stella polare, il programma), il comma in predicato si preoccupa di affidare l'incarico, ancora una volta, ad un *soggetto autorizzato,* di esercitare il potere di trasferire l'ufficio di affidatario con tutta la fascia di attribuzioni a lui collegate nel caso in cui venga a mancare, piuttosto che quando voglia essere liberato dalle proprie obbligazioni o si trasferisca all'estero.

A chi ha confidenza di trust può risultare naturale la previsione in un atto istitutivo della morte del *trustee*; anzi, non manca mai in un atto ben confezionato, in aggiunta, almeno anche l'ipotesi di incapacità. Incapacità che, a sua volta, viene declinata nelle sue possibili manifestazioni e gradazioni.

Si tratta, si badi bene, di un'ipotesi ben diversa da quella contemplata dal c. 2 dell'Art. 13 appena analizzata e che fornisce la possibilità al fiduciario di, sua sponte, «lasciare l'ufficio», in presenza di eccessiva onerosità ecc., ipotesi tutte per le quali pesa a carico dell'affidatario il divieto di risoluzione del contratto. Qui siamo nell'ipotesi che *qualcun altro eserciti il potere e provvede.*

Si tratta di un potere che quando l'affidatario ha sottoscritto con l'affidante il contratto di affidamento fiduciario, ha esplicitamente autorizzato a compiere!

Non è affatto normale per un giurista pensare che il fiduciario abbia autorizzato altri, nella persona di un *soggetto autorizzato,* e gli abbia trasferito il potere di sollevarlo dall'incarico quando richiesto. Più agevole pensarlo quando trasferisca il suo domicilio all'estero, diventi incapace e certamente quando muoia.

Il c.1 dell'Art. 14 finalmente ci presenta il *soggetto autorizzato: trattasi dell'affidante, del garante o di altri soggetti.*

Chi ha studiato insiemistica all'università potrebbe a buon diritto affermare che si tratta di un insieme aperto ("altri soggetti"). Quello che può al momento sembrare una complessità vedremo poi come potrà diventare un'assai utile opportunità per l'estensore del Contratto di Affidamento Fiduciario, a patto che lo sappia bene padroneggiare.

Cominciamo con il constatare che il garante prende ulteriore quota nell'importanza degli incarichi a lui conferiti: altro che poteri di vigilanza.

Inoltre: il giurista non ha difficoltà ad intravedere in questo comma la struttura della cessione del contratto: infatti, il risultato è quello di veder trasferiti «a un diverso affidatario i rapporti derivanti dal negozio di affidamento fiduciario.» Però qui si aggiunge l'ipotesi che il soggetto autorizzato possa anche autorizzare il compimento di «atti con effetti reali sul patrimonio affidato.»

In questo caso ci troviamo di fronte ad una *vera e propria sostituzione* con corrispondente sottrazione di poteri dell'affidatario in carica con "l'affidante, il garante o altri soggetti", appunto con il *soggetto autorizzato.*

Il c. 1 dell'Art. 14 presenta in definitiva due ben distinte ipotesi:

- Il *soggetto autorizzato che,* brutalmente, sostituisce l'affidatario fiduciario con un altro al posto suo:
- il *soggetto autorizzato* che si surroga all'affidatario fiduciario nel compiere, lui stesso, atti con effetti reali sul patrimonio affidato: compra, vende, dà in locazione immobili, investe…; è chiaro che l'affidatario si trova davanti al fatto compiuto (da altri): il patrimonio affidato cambia volto, composizione e non per effetto della sua personale attività.

E questa importante autorizzazione da parte dell'affidatario, lo ripeto, viene da lui concessa nel momento in cui sottoscrive il Contratto di Affidamento Fiduciario.

Ancora, il *soggetto autorizzato:*

- intuitivo pensare sia il *garante* il più delle volte ad incarnare il *soggetto autorizzato*. Verosimile che sia lui il primo chiamato in causa: chi lo ha nominato ha pensato fin da subito ad un professionista, ad una società fiduciaria al cui interno non mancano più figure professionali, quelle che, con molta probabilità, servono nell'attuazione di un programma complesso: ancora una volta il commercialista, l'avvocato, l'agente immobiliare, l'amministratore di condominio…
- E l'*affidante*?

Visto come colui al quale si riconosca, in determinate situazioni contrattualmente previste, di poter dire la sua, ad esempio, all'interno di una graduatoria di interessi squisitamente affettivi, non economici, *ceteris paribus*. Oppure quando, come visto sopra, dopo aver espresso il suo parere a mente dell'Art. 7, ugualmente l'affidatario prosegua senza dare ascolto alcuno, diritto per la sua strada.

Oppure quando all'affidante è concesso in base al programma di privilegiare un beneficiario svantaggiato (un figlio disabile) piuttosto che un altro…

Ancora sul soggetto autorizzato:
anche i beneficiari? non va dimenticato che anche loro possono far parte del Contratto di Affidamento Fiduciario. In quanto interessati all'esecuzione del programma *nel durante* perché, ad esempio, destinatari di reddito e, al *termine della durata* del programma, nella fase di liquidazione del Patrimonio Affidato. Anche a loro è consentito esprimere consensi.
Chi vieta al fiduciante di prevedere nel programma di attribuire la veste di soggetto autorizzato all'Amministratore di Sostegno di un figlio svantaggiato cui attribuire diritti particolari?
-*Ancora: soggetto autorizzato.*
Naturale anche il riferimento ad *un soggetto terzo,* esperto del quale si attribuisce la fiducia necessaria. L'atto può, ad esempio, prevedere, restando nell'ambito della finale liquidazione del Patrimonio Affidato composto prevalentemente da immobili, che sia lo studio di ingegneria di fiducia della famiglia dapprima a fornire consensi o pareri ma, in un secondo momento, se inascoltato, provveda in prima persona a porre in essere atti con effetti reali.
Molte altre soluzioni operative si prospettano al professionista preparato che voglia confrontarsi con la sfida quotidiana di vestire, esprimere e tradurre nel migliore dei modi in un negozio giuridico gli interessi del proprio cliente.

Riflessione

Una constatazione che chiama in campo per l'ultima volta l'istituto del trust. Da quando abbiamo intrapreso l'esame della **struttura del Contratto di Affidamento Fiduciario**, quanto a performances, non ci è dato trovare oltre punti di contatto tra i due istituti: ad un certo punto il Contratto di Affidamento Fiduciario ha preso il largo per arrivare da solo diritto al traguardo.

Conclude bene la sua presentazione del D.L. al Senato della Repubblica la Senatrice Riccardi quando afferma:

«Il rapporto contrattuale deve giungere, comunque, a compimento e il disegno di legge si avvale della figura del negozio di autorizzazione, in forza del quale l'affidante, il garante o altri possono compiere atti dispositivi del patrimonio affidato anche senza il consenso o contro la volontà dell'affidatario fiduciario e perfino cedere la sua posizione contrattuale a altro affidatario fiduciario (articolo 14): questo potente meccanismo di efficienza non ha corrispondenza nel trust.»

Prossimi passi

L'esposizione che precede ha posto le basi e illustrato gli elementi fondamentali del Contratto di Affidamento Fiduciario. Era quanto mi proponevo di fare quando in premessa affermavo che questo testo aveva una funzione prevalentemente divulgativa e pertanto di introduzione alla materia.

Dal punto di vista didattico mi sento di dare un'indicazione su come procedere, una volta che il lettore si senta di aver bene assimilato quanto precede. La lettura completa del D.L. potrà, a mio avviso, dare conferme e dilatare i contenuti, una volta tanto facilitata da una comunicazione chiara e sistematica, tale da far stupire chi quotidianamente si confronta con testi normativi.
Quello che serve nel prosieguo, per chi voglia padroneggiare l'istituto, non può che essere lo studio approfondito: un viaggio interessantissimo, per lo più ricco di sorprese…
D'altronde, ad esserne convinto non sono solo io. Si consideri il commento ben più qualificato che fa la Senatrice Riccardi al D.L.
Dalla Comunicazione alla Presidenza del Senato del 5 agosto 2019 relativa al Disegno di Legge d'iniziativa della senatrice stessa, *Disposizioni sul negozio di affidamento fiduciario*:
«[…] La dottrina del Contratto di Affidamento Fiduciario si è riappropriata di concetti e meccanismi funzionali della *civil law* ed è pervenuta ad elaborare principi e regole che trovano collocazione nel disegno di legge: esso, in luogo di provare a "tradurre" il trust come hanno fatto quasi tutti gli altri Stati che hanno legiferato in materia, addita una via interamente appartenente alla *civil law*.»
«Una legge sul Contratto di Affidamento Fiduciario sarebbe l'occasione per l'Italia di proporsi quale guida a numerosi Paesi di *civil law* che intendono non solo "avere il trust" ma anche rimanere all'interno della propria tradizione giuridica,

tornando ad essere esportatrice e non più solo importatrice di innovazione legislativa [...]»

2.6 La competenza dell'Autorità Giudiziaria

Non bastasse la solida costruzione fin qui oggetto di analisi che definisce i lineamenti del Contratto di Affidamento Fiduciario, il D.L. chiude il cerchio e completa con alcune norme che rappresentano l'humus e il contesto sui quali è destinato a muoversi in tutta sicurezza il Contratto di Affidamento Fiduciario. Per tutti propongo l'Art. 21, non prima di anteporre ancora una volta l'efficace commento della Relatrice al D.L.

«La competenza del tribunale è oggetto di disposizioni assai innovative, che mirano all'esercizio di vasti poteri, così replicando la configurazione tipica del giudice in *common law*; in effetti, questo è un aspetto che le leggi che mirano a replicare il trust hanno sempre ignorato, producendo effetti nefasti sull' appetibilità degli istituti giuridici da esse regolati.»

Art. 21.

Competenza dell'autorità giudiziaria

1. La competenza nelle cause e nei procedimenti riguardanti un Contratto di Affidamento Fiduciario spetta in via esclusiva:

a) *al tribunale designato nel Contratto di Affidamento Fiduciario*

b) *in mancanza, al tribunale del luogo nel quale il beneficiario che agisce ha la propria residenza o il proprio domicilio;*

c) *qualora l'azione non sia promossa da un beneficiario, al tribunale del luogo nel quale l'affidatario fiduciario o un affidatario fiduciario se più di uno hanno il proprio domicilio o la propria sede o uno stabilimento permanente.*

2. Il tribunale, provvedendo in camera di consiglio con decreto motivato su ricorso del pubblico ministero o di qualsiasi interessato, assunte, se, del caso, sommarie informazioni, può:

a) *in mancanza di soggetti titolari di poteri in forza di negozio di autorizzazione o in caso di loro inerzia, trasferire a un diverso affidatario fiduciario i rapporti derivanti dal contratto e compiere atti con effetti reali sul patrimonio affidato;*

b) *in ogni caso esonerare un affidatario fiduciario per gravi irregolarità nell'adempimento dei suoi obblighi, per inidoneità all'ufficio o per avere commesso azione che ne menomi la fiducia e, se richiesto, nominare altro affidatario fiduciario;*

c) *integrare il contratto per mezzo di nuove disposizioni o modificare o eliminare disposizioni del contratto se ciò appare utile per la migliore attuazione del programma;*

d) *convalidare atti annullabili dell'affidatario fiduciario;*

e) *impartire direttive a un affidatario fiduciario su richiesta di quest'ultimo o di qualsiasi interessato.*

Solo un sommesso personale commento: spero che Draghi o chi verrà dopo di lui venga informato al riguardo.

2.7 L'aspetto fiscale: imposte indirette

Non esiste una disciplina fiscale specifica per il Contratto di Affidamento Fiduciario in generale se si fa eccezione per quello specifico appositamente normato all'interno della cd. Legge Dopo di Noi, L. 112/2016, che, all'Art. 6 riserva un regime di favore. Regime che, appunto, è circoscritto e applicabile solo per quei contratti e solo per loro, nascenti all'interno della disabilità grave, quella che fa capo alla L. 104/1990.

Serve, pertanto, all'operatore professionale fare riferimento a solidi principi generali che siano in linea con i riferimenti normativi e giurisprudenziali esistenti. Per pervenire ad affidabili conclusioni logiche è indispensabile, almeno per cenni, indicare il percorso rigoroso che conduce a questi principi: sul punto, infatti, non è pensabile proporre conclusioni calate dall'alto che lascerebbero dubbi e difficoltà nell'operare.

L'analisi prende lo spunto dal pensiero del Prof. Corasaniti (espresso nel testo *Affidamento Fiduciario nella vita professionale, citato in premessa*) e dall'autorevole studio consegnato dal Consiglio Nazionale del Notariato n. 38/2020/T.

Vale la pena di ripercorrere per sommi capi le tappe che ci fanno pervenire ai menzionati principi generali.

Occorre riprendere le mosse dai concetti portanti dell'istituto, illustrati nella prima parte di questo testo e che brevemente vengono ripresi e sviluppati quanto agli effetti fiscali conseguenti, avendo come focus, in prima battuta, il trasferimento dei beni dall'affidante all'affidatario:

- I beni non sono "suoi", dell'affidatario, ma sono in funzione del programma;

- Non si può parlare di arricchimento alcuno nei suoi confronti e, quindi, il trasferimento all'affidatario non può essere espressione di alcuna capacità contributiva: ad incrementarsi sarà soltanto il Patrimonio Affidato, non certo quello personale dell'affidatario.

La segregazione stacca in modo netto il patrimonio affidato da quello suo personale.

Il punto fermo su cui Dottrina e Giurisprudenza concordano e sul quale non si può non trovarci d'accordo è: un arricchimento vero ci sarà quando ci sarà, nel secondo momento, quello del trasferimento in capo ai beneficiari.

Il programma abbiamo visto essere costantemente al centro di ogni ragionamento: lo stesso principio varrà conseguentemente in ambito fiscale. Abbiamo visto che:

- l'attività deve essere vincolata al programma;
- la persona dell'affidatario, essa pure, è asservita al programma, al punto da prevederne la sostituzione (cd. "preminenza dell'ufficio rispetto alla persona");
- vale ugualmente la preminenza degli interessi espressi nel programma rispetto agli stessi beneficiari.

Il ragionamento successivo da parte della Dottrina consiste nel prendere atto e valorizzare tutte le similitudini e analogie esistenti tra il trust e il Contratto di Affidamento Fiduciario che questo testo non ha mancato di ben sottolineare nella prima parte.

Ecco i passaggi logici successivi:

- la disciplina che a tale negozio, il trust, riserva l'Agenzia delle Entrate va presa in considerazione anche per il Contratto di Affidamento Fiduciario;
- la disciplina citata trova la sua collocazione in particolare nella Circolare 3/E 2008, ben nota agli addetti ai lavori: è in questo contesto che il trust viene ricompreso nella più ampia categoria dei negozi giuridici con vincoli dispositivi.

A questa disciplina si aggiunge il rilevante intervento della Direzione Regionale della Liguria che con la risposta ad un interpello, qui per tutti il n. 903/ 2012, riconosce il realizzarsi di «un rapporto giuridico complesso con un'unica causa come nel trust.»

Questa risposta costituisce l'anello di congiunzione e, nel contempo, un'importante conferma del fatto che la dottrina abbia ragione nell'accostare la disciplina fiscale riservata al trust da parte del Contratto di Affidamento Fiduciario.

L'interpello citato va oltre e assume un'ulteriore rilevanza particolare. Diversamente dalla Circolare 3/E 2008, nell'esaminare la fattispecie sottoposta (che prevedeva la presenza di beneficiari individuati), trae la necessaria logica conseguenza: i trasferimenti dei beni e dei diritti dall'affidante all'affidatario non possono aver riflesso alcuno in termini di imposizione. In tal modo, avvalorano in toto il pensiero della dottrina. Per la D.R. della Liguria l'imposizione, ove il riferimento è all'imposta di donazione, prevede correttamente il momento imponibile soltanto con il trasferimento di ricchezza dall'affidatario ai beneficiari. Ciò nel rispetto delle regole sul rapporto di parentela con l'originario affidante.

In sintesi:

- viene dato pienamente atto dell'assoluta "neutralità" della posizione soggettiva ricoperta dall'affidatario.
- L'imposta di donazione si applica soltanto con il passaggio di beni e diritti da costui ai beneficiari.

Tutto vero.

Altrettanto vero il fatto che l'Agenzia delle Entrate fino ai giorni nostri si ostina a voler tassare, in ossequio alle disposizioni della citata Circolare, il trasferimento dei beni con riguardo al trust dal disponente al *trustee*. Vero anche che le Commissioni Tributarie danno sistematicamente torto al fisco.

Ad essere determinante, finalmente però, è la posizione assunta dalla Cassazione dal 2019 che, ripetutamente e costantemente, così si esprime: «solo l'attribuzione al beneficiario [...] può considerarsi nel trust il fatto suscettibile di manifestare il presupposto dell'imposta sul trasferimento di ricchezza».

(Per tutte la sentenza n. 10256/2020 vedi Cassazione in Appendice).

Finalmente una conferma a questa impostazione viene dalla novella risposta all'interpello n.106 del 15.2.2021 nella quale l'Agenzia delle Entrate così si esprime: «l'attribuzione di beni e diritti ai beneficiari di un trust da parte del *trustee* può determinare l'applicazione dell'imposta sulle successioni e sulle donazioni», ove ne ricorrano i presupposti. Non bastasse l'interpello che cita testualmente la Sentenza n. 10256/2020 con l'esplicito rilievo, *determinante*, che si riporta:
«Tale conclusione trova riscontro nella recente giurisprudenza della Corte di Cassazione che, nella Sentenza n.10256 del 29 maggio 2020, ha chiarito che *"solo l'attribuzione al beneficiario, che, come detto, deve essere diverso dal disponente può considerarsi nel trust il fatto suscettibile di manifestare il presupposto dell'imposta sul trasferimento di ricchezza".*»

L'inizio della fine di un'epoca da parte dell'Agenzia delle Entrate?

Giusto e prudente porsi il dubbio: non pare che ADE abbia altre frecce al proprio arco e possa reggere a lungo: l'interpello citato segna, a mio avviso, la svolta.
Tutto questo fino al mese di maggio 2021, giusto in tempo prima di mandare in stampa questo testo. Non ho voluto, di proposito, ritornare su quanto scritto perché ritengo che il traguardo sia in fondo all'ultima volata. Infatti, ecco due conferme:
- Agenzia delle Entrate: risposta 18 maggio 2021, n.351;

- Risposta 18 maggio 2021, n.352 – *Trattamento impositivo ai fini delle imposte.*

Risultato:

«Per entrambi l'imposta di donazione trova applicazione al momento dell'attribuzione ai beneficiari dei beni o dei diritti vincolati.»

Ma, finalmente, ecco che nel bel mezzo dell'eccezionale calura dell'agosto 2021 arriva la Bozza per la Consultazione della Circolare ADE, senza numero e con oggetto:

Disciplina fiscale dei trust ai fini della imposizione diretta e indiretta -Articolo 13 decreto-legge 26 ottobre 2019, n.124, convertito con modificazioni dalla legge 19 dicembre 2019, n. 157–d.l.gs 31 ottobre 1990, n.346–Recepimento dell'orientamento della giurisprudenza di legittimità.

Il titolo medesimo lo dice: direi che siamo arrivati finalmente al traguardo.

Doveroso, però, ricordare che il sempre citato D.L. (vedi Appendice) ha il pregio di recepire a pieno queste conclusioni dedicando l'intero Capitolo VII alle Disposizioni Tributarie, nulla trascurando che possa essere di supporto all'operatore professionale, financo le modalità e le regole operative relative al Codice Fiscale del patrimonio affidato.

Un articolato di norme chiare ed accessibili a chiunque, come sempre dovrebbe essere.

2.8 Un esempio di CAF

Per dar modo al lettore di veder concretizzato il percorso teorico fin qui svolto riporto di seguito il testo completo di un Contratto di Affidamento Fiduciario. Si tratta di un contratto messo a disposizione dal Notaio Paola Piana di Genova, un'esponente di primissimo piano tra quei professionisti di cui ho fatto menzione in premessa. Questo contratto, pur datato, assomma in sé due caratteristiche che potranno ben essere apprezzate dal lettore: la completezza e la fedeltà alla struttura proprie del negozio in aggiunta alla semplicità dello schema e del contenuto.

Lo ritengo estremamente utile per chi desidera tradurre e porre a confronto i singoli contenuti teorici nella stesura di un atto vero e proprio.

Al Notaio Paola Piana un sentito ringraziamento.

Repertorio N. __________ *Raccolta N.* _________

Contratto di Affidamento Fiduciario

Repubblica italiana

L'anno duemilaundici, addí venticinque del mese di luglio .....

Davanti a me Dott.ssa Paola Piana, Notaio in Genova ....alla presenza dei Signori:.........

intervenuti quali Testimoni noti, idonei e richiesti sono comparsi i Signori:

- Mamma Maria (Vedova), nata a .... la quale dichiara, ai sensi dell'articolo 46 del D.P.R. 445/2000, di essere in stato di libertà da vincoli matrimoniali, in quanto vedova, codice fiscale _________;

- Figlia Mariolina (Coniugata con figli), nata .... Codice Fiscale ...la quale dichiara, ai sensi dell'articolo 46 del D.P.R. 445/2000, di essere coniugata in regime di separazione dei beni;
- Figlio Luca (Coniugato con figli), nato ...Codice Fiscale _________, il quale dichiara, ai sensi dell'articolo 46 del D.P.R. 445/2000, di essere coniugato in regime di comunione legale dei beni;
- il Professionista (garante), nato ... Codice Fiscale ...il quale dichiara, ai sensi dell'articolo 46 del D.P.R. 445/2000, di essere coniugato in regime di comunione legale dei beni.
Detti Signori Comparenti, della cui identità personale io, Notaio, sono certo,
premesso
1) che la signora Mamma Maria ("Affidante") è vedova ed ha tre figli: Luca, Mariolina ed Andrea, nato……;
2) che Luca e Mariolina sono coniugati ed hanno a loro volta figli;
3) che Andrea è, fin dall'adolescenza, affetto da schizofrenia, patologia che ha fortemente condizionato la sua esistenza, impedendogli l'esercizio di qualsiasi attività lavorativa e limitando enormemente i suoi rapporti sociali: egli ha vissuto la sua vita prevalentemente all'interno dei confini delle mura di casa, accudito e sostenuto dalla madre;
4) che l'Affidante ha potuto fino ad oggi, nonostante l'anziana età, stante la sua salute fisica e psichica, provvedere autonomamente a tutte le necessità relative al mantenimento di un'adeguata condizione di vita sia per sé che per il figlio Andrea;
5) che sia l'Affidante che Luca e Mariolina sentono fortissima la responsabilità di garantire comunque al rispettivamente figlio e fratello Andrea ("Soggetto da Assistere") il mantenimento di un'adeguata condizione di vita anche quando l'Affidante, per cause inesorabilmente

legate all'avanzare ulteriore dell'età e poi al sopraggiungere della fine della vita, non sia più in grado di occuparsi di lui;

6) che Luca e Mariolina condividono altresì con l'Affidante la preoccupazione di assicurare alla stessa il mantenimento di una condizione di vita adeguata quando ella non sia più in grado di provvedervi autonomamente;

7) che l'Affidante è proprietaria di un'abitazione ("Casa") sita in ... dove abita con il Soggetto da assistere oltre che titolare di un patrimonio mobiliare di valore tale da consentire, adeguatamente impiegato, di sostenere le esigenze finanziarie sottese al mantenimento di una adeguata condizione di vita propria e del Soggetto da assistere.

Primo negozio:

Contratto di Affidamento Fiduciario (Il Contratto)

Parte I** **<u>Dati identificativi</u>

Art. 1 Premesse

A. Le premesse formano parte delle disposizioni del Contratto.

Art. 2 L'"Affidatario Fiduciario"

A. Il termine "Affidatario Fiduciario" indica:

1. Luca, nato ... e Mariolina, nata....;

2. chi subentri nella loro posizione contrattuale o al quale detta posizione divenga comune, secondo le disposizioni del Contratto.

B. In caso di più persone il termine "un Affidatario Fiduciario" indica ciascuna di esse.

Art. 3 Il "programma"

A. Per "Programma di Affidamento Fiduciario", ferme le disposizioni sulle Spettanze dell'Affidatario Fiduciario, si intende che:

1. l'Affidante ed il Soggetto da Assistere ricevano la costante ed attenta vigilanza dell'Affidatario Fiduciario in ordine al rispettivo loro mantenimento delle migliori condizioni di vita e del massimo benessere compatibili con l'età e con lo stato di salute, (d'ora in avanti "Condizione auspicata") e, conseguentemente, al fine di tale mantenimento, ogni cura medica che il loro stato di salute richieda o consigli, ogni forma di assistenza anche personale che sia opportuna e comunque ogni ragionevole intervento.

2. Qualora siano insufficienti le rispettive rendite dell'Affidante e del Soggetto da Assistere:

a. essi siano sovvenuti dall'Affidatario Fiduciario di ogni somma sia loro necessaria per la vita ordinaria e per il mantenimento della Condizione auspicata;

b. ovvero tali somme siano direttamente impiegate dall'Affidatario Fiduciario per tale finalità.

3. Abitino vita natural durante la Casa ovvero

a. nel caso in cui sia necessario alienarla per disporre di risorse finanziarie per fare fronte a prevalenti esigenze relative al mantenimento della Condizione auspicata o

b. la Casa stessa non sia più idonea al mantenimento della Condizione auspicata, essi siano collocati nella dimora o struttura assistenziale più idonea al fine di tale mantenimento.

Art 4. Affidamento all'Affidatario Fiduciario

A. L'Affidante irrevocabilmente commette all'Affidatario Fiduciario di realizzare il programma avvalendosi del fondo affidato.

B. L'Affidatario Fiduciario, per sé e per i propri aventi causa a titolo particolare o universale:

1. dichiara di obbligarsi verso l'Affidante e verso coloro che sono o saranno destinatari di vantaggi patrimoniali derivanti dal Contratto, a quanto il Contratto pone a carico dell'Affidatario Fiduciario;

2. consente che i soggetti per tale fine menzionati nel Contratto siano titolari dei poteri sul fondo affidato e sulla posizione contrattuale dell'Affidatario Fiduciario rispettivamente loro attribuiti dalle relative disposizioni;

3. sin d'ora, per quanto possa occorrere, esprime pieno ed incondizionato assenso alle modalità e agli effetti dell'esercizio di tali poteri.

Art.5 Il "Fondo Affidato"; i "beni affidati"; temporanea appartenenza all'Affidatario Fiduciario; denominazione.

A. La locuzione "Fondo Affidato" indica un patrimonio che include le posizioni soggettive:

1. trasferite all'Affidatario Fiduciario nella sua qualità o

2. che l'Affidatario Fiduciario dichiari di includervi o

3. che il Contratto disponga siano incluse.

B. Per "beni affidati" si intendono le singole posizioni soggettive attive incluse nel Fondo Affidato.

C. Il Fondo Affidato e i suoi frutti:

1. sono separati rispetto al patrimonio proprio di un Affidatario Fiduciario, non sono aggredibili dai suoi creditori personali, non fanno parte di alcun regime patrimoniale nascente dal suo matrimonio o da convenzioni matrimoniali e non formano oggetto della sua successione ereditaria;

2. possono costituire oggetto di esecuzione solo in relazione a debiti contratti per la realizzazione del Programma.

D. Il Fondo Affidato solo temporaneamente appartiene all'Affidatario Fiduciario affinché egli non se ne avvalga per l'attuazione del Programma.

E. La permanenza del Fondo Affidato nel patrimonio dell'Affidatario Fiduciario è risolutivamente condizionata alla sua posizione di parte del Contratto. Essa viene meno in concomitanza:

1. della sua morte o sopravvenuta incapacità,

2. della sua sostituzione con altro Affidatario Fiduciario,

3. del sopravvenire del termine finale della Durata del Contratto.

F. Il Fondo Affidato passa senza soluzione di continuità da un affidatario fiduciario cessato all'Affidatario Fiduciario e, nel corso o al termine finale della Durata del Contratto, ai soggetti ai quali esso spetta in forza del Contratto.

G. Per comodità di identificazione del fondo affidato esso è convenzionalmente denominato "Fondo Pilar".

Art. 6 Posizione Giuridica dell'Affidante

A. I diritti e poteri dell'Affidante non possono essere esercitati dai suoi eredi né essi subentrano nelle sue obbligazioni.

Art. 7 Il "Garante del Contratto"

A. Il termine "Garante del Contratto" indica chi riveste l'ufficio di garante del contratto, attualmente professionista, nato a _________ il _________, che accetta; in caso di più persone, "un Garante del Contratto" indica ciascun componente l'ufficio.

B. Le funzioni del Garante del Contratto prendono inizio:

1. dalla data della morte o sopravvenuta incapacità dell'Affidante,

2. ovvero, anteriormente, dalla data della dichiarazione resa in tale senso dall'Affidante al Garante del Contratto e all'Affidatario Fiduciario per mezzo di scrittura autenticata.

C. Il Garante del Contratto:

1. è autorizzato a trasferire il Fondo Affidato o singole posizioni soggettive in esso comprese, dando luogo ad ogni opportuna forma di pubblicità, dal patrimonio di un affidatario fiduciario cessato:

a. al patrimonio del diverso Affidatario Fiduciario che a lui sia stato per qualsiasi causa sostituito;

b. ovvero, sopraggiunto il termine finale della Durata del contratto, ai Beneficiari del Fondo;

c. preventivamente consente il compimento da parte dell'Affidatario Fiduciario dei negozi elencati nell'Art. 375 cod. Civ. nella medesima forma che il negozio deve rivestire;

D. esercita le altre funzioni che il Contratto gli attribuisce.

E. Il Garante del Contratto può sostituire una o più persone a se stesso nei rapporti derivanti da questo contratto per mezzo di scrittura in forma autentica, comunicata all'Affidatario Fiduciario:

1. con il preventivo consenso dell'Affidante;

2. o, mancata costei, liberamente.

F. Il termine "Garante del Contratto" indica tanto il Garante del Contratto sopra individuato quanto chi subentri nella sua posizione contrattuale secondo le disposizioni del Contratto.

G. Fino a tanto che sopravvenga il termine iniziale delle funzioni del Garante del Contratto ogni funzione, potere, autorizzazione a lui spettante competono all'Affidante.

H. Qualora manchi o sia divenuto incapace il Garante del Contratto, qualsiasi interessato può chiederne la nomina:

1. a Presidente del Consiglio notarile di Genova.

Art. 8 La "Durata del Contratto"

A. Per "Durata del Contratto" si intende il periodo

1. il cui termine iniziale è la data di conclusione del Contratto.

2. e il cui termine finale è la data della morte del più longevo tra Affidante ed il Soggetto da Assistere, salva la prosecuzione del Contratto per la tutela dell'Affidatario Fiduciario fino a quando l'affidatario Fiduciario non ritenga più nulla del Fondo affidato.

Art. 9 Tutela dell'Affidatario Fiduciario; le "Obbligazioni"

A. L'Affidatario Fiduciario, prima di trasferire o consegnare alcun bene affidato ai soggetti ai quali spetta in forza del contratto, ha diritto

1. di preventivamente ottenere da essi idonee garanzie per la soddisfazione di obbligazioni, esistenti o possibili, che egli avrebbe legittimamente adempiuto impiegando il fondo affidato (le "Obbligazioni");

2. ovvero, qualora ritenga le garanzie non idonee,

a. di ritenere quella parte del fondo affidato che ragionevolmente appaia necessaria per la medesima finalità fino a quando essa sia attuale;

b. e di disporre di tale parte del fondo affidato come meglio gli appaia per la soddisfazione delle Obbligazioni, anche qualora essa includa beni che, in forza del Contratto, siano già divenuti di proprietà di terzi.

Art. 10 Accettazione di vantaggi patrimoniali; la "Dichiarazione di Accettazione"

A. Salvo che il Contratto diversamente disponga, l'Affidatario Fiduciario:

1. comunica ai soggetti che sono destinatari o possibili destinatari di vantaggi patrimoniali che cosa il Contratto stabilisce in loro rispettivo favore;

2. prescrive loro:

a. il termine entro il quale possono dichiarare di accettare

b. e la forma della dichiarazione.

3. Li informa delle conseguenze che dal Contratto derivano in conseguenza della mancata accettazione entro il termine e nella forma prescritti.

B. Il termine "Dichiarazione di Accettazione" indica la dichiarazione di accettazione resa entro il termine e nella forma prescritti dall'Affidatario Fiduciario.

C. Una rinuncia successiva alla Dichiarazione di Accettazione preclude qualsiasi effetto di quest'ultima dal momento nel quale la rinuncia è comunicata all'Affidatario Fiduciario, salvi gli effetti già prodottisi.

D. Luca e Mariolina sin d'ora accettano qualsiasi vantaggio derivi da questo contratto a loro favore.

Art. 11 Appartenenza del Fondo Affidato al termine della Durata del Contratto; i "Beneficiari del Fondo".

A. Sopraggiunto il termine finale della Durata del Contratto,

1. nel caso in cui siano in vita discendenti del Soggetto da assistere che abbiano reso la Dichiarazione di accettazione (d'ora innanzi i "Discendenti"), il Fondo Affidato, ferme le disposizioni sulla tutela dell'Affidatario Fiduciario, appartiene scevro da qualsiasi vincolo:

a. per la quota di un quarto ai Discendenti, considerandosi tuttavia ogni impiego di somme fatto dall'Affidatario Fiduciario a favore del Soggetto da Assistere quale liberalità a favore dei Discendenti e procedendosi ad una riunione fittizia analogamente a quanto si farebbe in una successione ereditaria della quale fossero eredi i figli del Soggetto da Assistere;

b. per la restante quota a Luca e Mariolina o a chi, tra i loro rispettivi figli, essi rispettivamente indichino o abbiano indicato per mezzo di atto seguito da accettazione;

2. nel caso in cui non siano in vita Discendenti, il Fondo Affidato, ferme le disposizioni sulla tutela dell'Affidatario Fiduciario, appartiene, scevro da qualsiasi vincolo, a Luca e Mariolina o a chi, tra i loro rispettivi figli, essi rispettivamente indichino o abbiano indicato per mezzo di atto seguito da accettazione.

<u>Parte II Regole Generali</u>

Art. 12 Legge regolatrice

A. Il Contratto è regolato dalla legge italiana.

Art. 13 Giurisdizione e competenza

A. Ogni controversia relativa all'istituzione, alla validità o agli effetti del Contratto o alla sua amministrazione o ai diritti o obbligazioni di qualunque soggetto menzionato in questo può essere proposta solo nel Foro di Genova.

B. Ogni richiesta mirante alla nomina di un affidatario fiduciario o di un garante del Contratto o alla emanazione di direttive all'Affidatario Fiduciario o di provvedimenti attinenti all'esecuzione del Contratto può essere proposta solo nel Foro di Genova.

Art.14 Poteri fiduciari

A. L'Affidatario Fiduciario esercita ogni potere attribuitogli e adempie ogni obbligazione che il Contratto pone a suo carico:

1. tutte le volte che sia tenuto a farlo o gli appaia opportuno;

2. con discrezionalità assoluta secondo le circostanze, ottenuti i consensi e i pareri richiesti dal Contratto, senza essere tenuto a manifestare le ragioni che lo hanno motivato;

3. quale fiduciario, tenuto ad anteporre gli interessi altrui ai propri e nell'esclusivo interesse dei soggetti titolari di diritti nei suoi confronti o a vantaggio dei quali il potere è stato attribuito o di coloro fra essi che, legittimato a scegliere, egli ritenga di avvantaggiare.

B. La disposizione che precede si applica al Garante del Contratto e a qualsiasi soggetto che sia titolare di poteri in forza del Contratto, anche se non è parte contraente, a meno che il contesto renda esplicito che si tratti di poteri esercitabili nell'interesse del loro titolare.

Art. 15 Prescrizioni nell'esercizio di poteri fiduciari

A. Quando il Contratto obbliga il titolare di un potere fiduciario o chi è destinatario di obbligazioni fiduciarie a seguire le prescrizioni che un altro soggetto gli impartisca circa il modo, il tempo o l'oggetto di un atto di esercizio del potere o di adempimento di una obbligazione, egli è esonerato da responsabilità per avere seguito la prescrizione a meno che egli avesse dovuto avere, usando l'ordinaria diligenza, conoscenza di fatti che ne escludevano la correttezza giuridica.

Art. 16 Prestazioni di consenso, espressione di parere

A. Quando il Contratto richiede che il titolare di un potere non compia un atto di esercizio del potere se non ottenuto il consenso o sentito il parere di un altro soggetto, si intende:

1. che il consenso, se prestato, e il parere, se espresso, lo siano non oltre il momento del compimento dell'atto;

2. che la loro forma sia la medesima dell'atto ma comunque scritta;

3. che il consenso sia considerato prestato e, rispettivamente, il parere sia considerato espresso favorevolmente qualora il soggetto al quale esso è stato richiesto non faccia pervenire al richiedente la manifestazione della propria volontà nella forma prescritta entro il termine, non inferiore a sette giorni, indicato nella richiesta e decorrente dal ricevimento della stessa.

B. Qualora non vi sia il soggetto il cui consenso o parere è richiesto, il titolare del potere può compiere l'atto a meno che la relativa disposizione del Contratto espressamente condizioni il compimento dell'atto all'esistenza e capacità, oltre che al consenso, di tale soggetto.

Art. 17 Conflitto di interessi

A. Se non specificamente consentito dal Contratto, il soggetto titolare di un potere fiduciario non può, direttamente o indirettamente:

1. rendersi acquirente o comunque acquisire diritti sui beni affidati;

2. ritrarre alcun vantaggio dalla propria posizione se non previsto nel Contratto;

3. entrare in alcun rapporto:

a. con persone legate a lui o ad altro titolare di poteri fiduciari da vincoli familiari, professionali o di interesse

b. ovvero, qualora il soggetto titolare di un potere fiduciario sia una società o altro ente, con società o altri enti:

i. nei quali un suo amministratore o azionista sostanziale abbia, direttamente o indirettamente, un interesse

ii. o che abbiano, direttamente o indirettamente, un interesse nel soggetto titolare del potere fiduciario.

B. Il titolare del potere può compiere atti vietati dalle disposizioni di questo articolo qualora vi sia il Garante del Contratto ed esso consenta.

Art. 18 Improprio esercizio di un potere

A. Gli atti compiuti nell'esercizio di un potere che non spetta a chi ha agito e gli atti compiuti nell'esercizio di un potere fiduciario in violazione delle disposizioni del Contratto sono invalidi, non sono opponibili ai soggetti legittimati a dolersene e i loro effetti debbono essere eliminati dal soggetto che li ha compiuti.

Art. 19 Forma degli atti a modo delle comunicazioni

A. Ogni manifestazione di volontà per la quale né la legge applicabile né il Contratto prescrivono alcuna forma avviene validamente solo se in forma scritta.

B. Ogni atto del quale il Contratto prescriva la comunicazione va fatto pervenire al destinatario in un modo che assicuri la prova della sua ricezione.

Art. 20 Atti revocabili

A. Ogni volta che il Contratto prevede che un atto possa essere o revocabile o irrevocabile e l'atto taccia sul punto esso è revocabile.

B. La revoca di un atto revocabile:

1. va fatta nel corso della Durata del Contratto e nella medesima forma dell'atto che viene revocato o nella diversa forma prescritta dal Contratto;

2. se non contenuta in un testamento, va comunicata con la medesima modalità con la quale fu comunicato l'atto che viene revocato.

Art. 21 Definizioni giuridiche

A. Tutte le parole e le espressioni definite nel corso di questo contratto si applicano a ogni sua disposizione e agli atti che ne costituiscono esecuzione o sono ad esso espressamente collegati.

B. I termini "incapace" e "incapacità" indicano:

1. l'incapacità legale di agire ovvero

2. la necessità che un soggetto abbia dell'assistenza di un amministratore di sostegno o di un curatore per compiere l'atto o per svolgere la funzione alla quale il termine è riferito, ovvero

3. l'inidoneità di un soggetto di attendere in modo stabile, vigile e pronto alle incombenze della funzione alla quale il termine è riferito, attestata con perizia, munita di sottoscrizione autenticata, da un medico specializzato in neuropsichiatria, nominato dal Presidente dell'Ordine dei Medici del luogo di residenza del soggetto su richiesta di qualsiasi interessato; il venire meno della inidoneità è attestato nel medesimo modo.

C. Il termine "figlio" indica i figli legittimi, i figli naturali, i figli adottati o affiliati nati nel corso della Durata del Contratto.

D. Il termine "discendente" va inteso conformemente alla definizione che precede.

E. Il termine "persona" indica le persone fisiche, le persone giuridiche e ogni ente che, secondo la legge applicabile al rapporto al quale il termine "persona" si riferisce, ha capacità di essere titolare di diritti.

F. Il termine "nati" si riferisce a persone fisiche nate vive e vitali.

G. La condizione "mancato", nelle sue declinazioni, seguita dal riferimento a una persona, indica:

1. la morte della persona;

2. ovvero la sua rinuncia alla posizione giuridica alla quale la disposizione si riferisca;

3. ovvero il suo non rientrare più nella definizione che sia utilizzata nella disposizione;

4. ovvero la sopravvenuta incapacità del titolare della funzione alla quale la disposizione si riferisca;

5. ovvero la mancanza di un titolare di tale funzione.

H. La locuzione "qualora vi sia", riferita a una funzione, fa riferimento all'esistenza in vita e alla capacità di una persona che rivesta tale funzione.

I. Il termine "impiegare", riferito a somme di danaro a vantaggio di un soggetto, include sia l'impiego della somma a suo vantaggio sia il versamento della somma a sue mani.

J. L'espressione "impiega il Fondo Affidato" attribuisce all'Affidatario Fiduciario il potere di avvalersi di qualsiasi posizione soggettiva inclusa nel Fondo Affidato per la finalità espressa nella relativa disposizione. Tuttavia, se non diversamente disposto dal Contratto, l'Affidatario Fiduciario non aliena né vincola beni affidati qualora possa utilizzare disponibilità liquide.

K. L'espressione "a vantaggio", riferita all'esercizio di un potere fiduciario a vantaggio di un soggetto, designa la soddisfazione di un qualunque interesse, anche non patrimoniale, di tale soggetto.

L. L'espressione "condizione auspicata" indica le migliori condizioni di vita ed il massimo benessere da parte di una persona, compatibili con la sua età e con il suo stato di salute.

Parte III <u>Il Fondo Affidato e la sua gestione</u>

Art. 22. Poteri gestionali dell'Affidatario Fiduciario; Obbligazioni dell'Affidatario Fiduciario rispetto al fondo

A. All'Affidatario Fiduciario, in mancanza di specifiche limitazioni enunciate nel Contratto, competono tutte le facoltà e i diritti connessi alla proprietà del Fondo Affidato.

B. L'Affidatario Fiduciario

1. custodisce il fondo affidato;

2. ne tutela la consistenza fisica, il titolo di appartenenza e, se del caso, il possesso;

3. in quanto la natura di un bene affidato lo consenta, cura che ne mantenga il valore nel tempo.

C. L'Affidatario Fiduciario tiene i beni affidati separati sia dai propri che da qualunque altro bene del quale sia affidatario e distintamente identificabili come tali verso terzi. Inoltre,

1. quando si tratti di beni iscritti in registri, pubblici o privati, richiede che siano iscritti al proprio nome in qualità di Affidatario Fiduciario o in altro modo che palesi l'esistenza del Contratto e che siano gravati da vincolo di destinazione ex art. 2645 ter Cod. civ., facendo menzione della condizione risolutiva inerente il suo rapporto con il fondo affidato;

2. quando si tratti di beni iscritti in altri registri ne richiede la registrazione al nome dell'Affidatario Fiduciario nella sua qualità;

3. in qualsiasi negozio:

a. si manifesta come tale, impiegando la denominazione del fondo affidato;

b. inserisce quando opportuno una condizione risolutiva per il caso che venga meno la sua posizione contrattuale ed una correlativa condizione sospensiva in favore di chi sarà a lui sostituito;

4. istituisce ogni conto bancario nella propria qualità di Affidatario Fiduciario o in altro modo che palesi l'esistenza del Contratto;

5. deposita ogni strumento finanziario nei conti così denominati;

6. offre a terzi con i quali contrae una copia del Contratto da lui firmata, omesse le parti non rilevanti per lo specifico negozio;

7. adotta ogni altra opportuna misura affinché risulti agevolmente l'inclusione delle singole posizioni soggettive nel fondo affidato.

D. Qualsiasi interessato e il Garante del Contratto possono chiedere al giudice di dichiarare che una posizione soggettiva è inclusa nel Fondo Affidato.

Art. 23 Indicazioni all'Affidatario Fiduciario

A. Nel valutare se e come esercitare un proprio potere l'Affidatario Fiduciario tiene conto delle indicazioni dell'Affidante e, mancato costui, del Garante del Contratto, come manifestategli per iscritto e ad esse si uniforma qualora le ritenga conformi al Programma, scegliendo il modo di attuazione.

Art. 24. Responsabilità dell'Affidatario Fiduciario

A. Su richiesta di qualsiasi interessato l'Affidatario Fiduciario risponde delle perdite a lui imputabili cagionate al Fondo Affidato ed è tenuto a ripristinarlo nello stato in cui esso era anteriormente.

B. Negli stessi limiti risponde del danno cagionato a coloro che sono destinatari di vantaggi patrimoniali derivanti dal Contratto.

Art. 25. Responsabilità dell'Affidatario Fiduciario verso i terzi

A. I terzi che contraggono con l'Affidatario Fiduciario possono convenire:

1. di considerare quale unico debitore chi nel corso del tempo sia titolare della posizione di Affidatari o Fiduciario con liberazione di ogni precedente titolare.

Art. 26 Attività preliminari al trasferimento del fondo agli aventi diritto

A. Approssimandosi il termine finale della Durata del Contratto, l'Affidatario Fiduciario indica al Garante del Contratto e ai soggetti ai quali spetta o, prevedibilmente, spetterà il fondo affidato, i propri intendimenti circa la ripartizione del fondo affidato, illustrando la scelta delle soluzioni fiscalmente più convenienti.

B. *L'accordo fra tutti gli aventi diritto circa la ripartizione del Fondo Affidato vincola l'Affidatario Fiduciario, che è tenuto ad eseguirlo.*

C. *L'accordo fra tutti i soggetti concorrenti sui medesimi beni affidati circa la loro ripartizione vincola l'Affidatario Fiduciario, che è tenuto ad eseguirlo.*

Parte IV Disposizioni sull'Affidatario Fiduciario

Art. 27. Sede dell'amministrazione

A. *La sede dell'amministrazione dell'Affidamento Fiduciario è:*

1. *qualora vi sia un solo Affidatario Fiduciario, presso il suo domicilio;*

2. *qualora vi siano più Affidatari Fiduciari, presso il domicilio di un Affidatario Fiduciario, designato dall'Affidatario Fiduciario per mezzo di atto comunicato all'Affidante, al Garante del Contratto e ai Beneficiari dell'Affidamento maggiorenni nonché all'Amministrazione Finanziaria che, ad oggi, è presso il domicilio dell'Affidatario Fiduciario Luca in __________, __________ n.___.*

B. *Ogni documento relativo all'esecuzione del Contratto è custodito dall'Affidatario Fiduciario presso la sede dell'amministrazione.*

C. *Il domicilio dell'affidamento fiduciario, anche per i fini di cui al Regolamento n.44/2001 del Consiglio dell'Unione Europea, coincide con la sede dell'amministrazione.*

Art. 28. Contabilità e rendiconto

A. *L'Affidatario Fiduciario*

1. *mantiene una contabilità accurata e la documentazione di ogni operazione;*

2. *consegna annualmente l'inventario del fondo affidato:*

a. *all'Affidante;*

b. *al Garante del Contratto, qualora vi sia;*

c. *altrimenti, ai Beneficiari del Fondo;*

3. trascrive l'inventario e il rendiconto nel Libro degli Eventi.

Art. 29. Il Libro degli Eventi

A. L'Affidatario Fiduciario mantiene e aggiorna il "Libro degli Eventi", vidimato nella data che costituisce il termine iniziale della Durata del Contratto.

B. L'Affidatario Fiduciario annota in tale libro:

1. ogni avvenimento che il contratto prescriva di annotare;

2. ogni altro avvenimento del quale ritenga opportuno conservare memoria;

3. gli estremi e il contenuto degli atti che il Contratto prescrive abbiano le sottoscrizioni autenticate o che il soggetto obbligato ritenga opportuno registrare; di essi egli mantiene una raccolta completa.

C. Chiunque contragga con l'Affidatario Fiduciario è legittimato a fare pieno affidamento sulle risultanze del Libro degli Eventi, del quale l'Affidatario Fiduciario può rilasciare estratti quando debba giustificare i propri poteri.

Art. 30. Spettanze dell'Affidatario Fiduciario

A. Un Affidatario Fiduciario, qualora lo richieda, ha diritto di ricevere un compenso per i propri servizi, periodicamente concordato:

1. con l'Affidante;

2. mancato costui: con il Garante del Contratto.

B. L'Affidatario Fiduciario impiega il Fondo Affidato:

1. per rimborsare se stesso di ogni anticipazione fatta;

2. per pagare il proprio compenso;

3. per adempiere le obbligazioni legittimamente assunte.

Art. 31. Obbligazioni Tributarie

A. Qualora l'Affidatario Fiduciario versi o ottenga che sia versato ovvero impieghi reddito del fondo affidato a vantaggio di una persona e questo costituisca presupposto del sorgere di una obbligazione tributaria a carico di tale persona, l'Affidatario Fiduciario le consegna ogni documento rilevante per la sua dichiarazione dei redditi.

B. L'Affidatario Fiduciario provvede nello stesso modo, su richiesta di una persona, quando gli impieghi di capitale o di reddito a vantaggio di tale persona non abbiano comportato il sorgere di alcuna obbligazione tributaria a suo carico.

Art. 32. Cessione del contratto

A. L'Affidatario Fiduciario, per mezzo di atto con sottoscrizione autenticata, può sostituire altri a se stesso nella propria posizione contrattuale e nei rapporti derivanti dal Contratto.

B. La sostituzione è efficace nei confronti dell'Affidante e di ogni altro soggetto interessato dal momento in cui è notificata all'Affidante o, mancato costui, al Garante del Contratto.

C. Per effetto della sostituzione:

1. la parte sostituente è liberata da ogni obbligazione per il tempo successivo alla sostituzione;

2. all'Affidatario Fiduciario non può essere opposta alcuna eccezione riguardante i rapporti fra l'Affidante o altri soggetti e la parte sostituente;

3. il Fondo Affidato è trasferito di diritto all'Affidatario Fiduciario.

Art. 33. Comunanza del rapporto contrattuale

A. L'Affidatario Fiduciario per mezzo di atto con sottoscrizione autenticata può rendere la propria posizione contrattuale e i rapporti derivanti dal Contratto comuni a un terzo qualora, con la medesima forma, vi consentano:

1. l'Affidante

2. o, mancato costui, il Garante del Contratto.

B. Il terzo non risponde di alcun atto o fatto occorsi prima della sua accettazione.

Art. 34. Trasferimento del Contratto

A. L'Affidante o, mancato costui, il Garante del Contratto, sono autorizzati, senza necessità di esplicitare alcuna ragione, a sostituire uno o più terzi nella posizione contrattuale dell'Affidatario Fiduciario e nei rapporti derivanti dal Contratto per mezzo di atto con sottoscrizione autenticata;

1. o consentito dall'Affidatario Fiduciario nella medesima forma;

2. o a questi notificato.

B. Il negozio di sostituzione può essere sospensivamente condizionato o con termine iniziale.

C. Quale conseguenza della sostituzione:

1. si producono i medesimi effetti di una cessione del contratto alla quale l'Affidatario Fiduciario avesse dato luogo;

2. l'Affidatario Fiduciario sostituito:

a. in mancanza di diversa dichiarazione nell'atto di sostituzione è pienamente scaricato e liberato con riferimento a ogni atto da lui anteriormente compiuto;

b. è liberato da ogni obbligazione nascente dal Contratto per il tempo successivo alla sostituzione;

3. all'Affidatario Fiduciario non può essere opposta alcuna eccezione riguardante i rapporti tra l'Affidante o altri soggetti e l'Affidatario Fiduciario sostituito;

4. il Fondo Affidato è trasferito di diritto all'Affidatario Fiduciario.

Art. 35. Sostituzione del rapporto contrattuale

A. L'Affidatario Fiduciario può richiedere che un terzo gli sia sostituito nella sua posizione contrattuale e nei rapporti derivanti dal Contratto:

1. all'Affidante

2. mancato costui: al Garante del Contratto.

B. Quale conseguenza della sostituzione:

1. si producono i medesimi effetti di una cessione del contratto alla quale l'Affidatario Fiduciario avesse dato luogo;

2. l'Affidatario Fiduciario sostituito:

a. in mancanza di diversa dichiarazione nell'atto di sostituzione, è pienamente scaricato e liberato con riferimento a ogni atto da lui anteriormente compiuto;

b. è liberato da ogni obbligazione nascente dal Contratto per il tempo successivo alla sostituzione.

3. All'Affidatario Fiduciario non può essere opposta alcuna eccezione riguardante i rapporti fra l'Affidante o altri soggetti e l'Affidatario Fiduciario sostituito;

4. il Fondo Affidato è trasferito di diritto all'Affidatario Fiduciario.

C. Qualora il soggetto al quale la sostituzione è stata richiesta non provveda in un termine ragionevole, la sostituzione è disposta dal Presidente del Consiglio Notarile di Genova.

Art. 36. Morte o incapacità dell'Affidatario Fiduciario

A. L'Affidante o, mancato costui, il Garante del Contratto è autorizzato a trasferire la posizione contrattuale dell'Affidatario Fiduciario e i rapporti derivanti dal Contratto ad altro soggetto qualora l'affidatario fiduciario sia defunto o divenuto incapace e non vi sia un affidatario fiduciario.

B. Quale conseguenza della sostituzione:

1. si producono i medesimi effetti di una cessione del contratto alla quale l'Affidatario Fiduciario sostituito avesse dato luogo;

2. l'Affidatario Fiduciario sostituito:

a. in mancanza di diversa dichiarazione nell'atto di sostituzione è pienamente scaricato e liberato con riferimento a ogni atto da lui anteriormente compiuto;

b. *è liberato da ogni obbligazione nascente dal Contratto per il tempo successivo alla sostituzione;*

3. *all'Affidatario Fiduciario non può essere opposta alcuna eccezione riguardante i rapporti tra l'Affidante o altri soggetti e l'Affidatario Fiduciario sostituito;*

4. *il Fondo Affidato è trasferito di diritto all'Affidatario Fiduciario.*

Art. 37. Trasferimento dei rapporti derivanti dal Contratto

A. *Un affidatario fiduciario sostituito:*

1. *consegna all'Affidatario Fiduciario ogni bene affidato e ogni documento riguardante il Contratto che sia in suo possesso;*

2. *può fare e trattenere copie dei documenti che consegna, unicamente per avvalersene in caso di azioni proposte contro di lui;*

3. *attua ogni comportamento opportuno per consentire all'Affidatario Fiduciario di esercitare i diritti spettatigli sul Fondo Affidato;*

4. *fornisce all'Affidatario Fiduciario qualsiasi ragguaglio l'Affidatario Fiduciario gli richiede ed in genere lo pone in grado, per quanto in suo potere, di assolvere le obbligazioni e di esercitare i poteri derivanti dal Contratto.*

B. *In caso di morte di un affidatario fiduciario le suddette disposizioni si applicano ai suoi eredi.*

C. *Qualunque obbligazione verso terzi gravante sull'Affidatario Fiduciario cessato e che egli avrebbe legittimamente adempiuto impiegando il Fondo Affidato, è assunta di diritto dall'Affidatario Fiduciario, senza che l'Affidatario Fiduciario cessato risenta di alcun pregiudizio.*

Parte V Disposizioni sul Garante del Contratto

Art. 38. Funzioni del Garante del Contratto

A. *In aggiunta a ogni altra sua funzione, il Garante del Contratto:*

1. può manifestare all'Affidatario Fiduciario la propria opinione su qualsiasi fatto relativo all'esecuzione del Contratto, anche se non richiesto;

2. ha diritto di agire in giudizio:

a. per l'esecuzione del Contratto;

b. in caso di inadempimento delle obbligazioni di un Affidatario Fiduciario;

c. in caso di violazione della legge regolatrice del Contratto o della legge applicabile a uno specifico atto dell'Affidatario Fiduciario.

Art. 39. Compenso e spese

a. Un Garante del Contratto non ha diritto di ricevere compenso;

b. L'Affidatario Fiduciario anticipa o rimborsa prontamente a un Garante del Contratto le spese da questi sostenute.

Art. 40. Mutamenti nella persona del Garante del Contratto

A. Un Garante del Contratto rimane nell'ufficio per il termine o fino all'evento stabiliti nella nomina ovvero, se anteriori, fino a dimissioni o revoca o

1. se persona fisica: fino a morte, sopravvenuta incapacità o al compimento del settantacinquesimo anno di età;

2. se società o altro ente: fino a messa in liquidazione o inizio di alcuna procedura concorsuale.

B. In questo articolo il termine "Designatore" indica:

1. l'Affidante

2. una volta mancato o divenuto incapace costui:

a. la persona fisica o giuridica che l'Affidante abbia nominato con atto autentico comunicato ai Beneficiari del Fondo;

b. nel caso in cui il Soggetto da assistere sia sottoposto ad amministrazione di sostegno, inabilitato o interdetto, il Giudice Tutelare.

C. Le dimissioni di un Garante del Contratto hanno effetto trenta giorni dopo che il Designatore ne abbia ricevuto la comunicazione.

D. Un Garante del Contratto può essere revocato in ogni tempo dal Designatore. Ove il Designatore designi i Beneficiari del Fondo maggiorenni e capaci, essi deliberano a maggioranza.

E. Garanti ulteriori e garanti in sostituzione possono essere nominati in ogni tempo dal Designatore, anche sottoponendo la nomina a termine o a condizione.

F. Gli atti che comportano dimissioni, revoca, nomina o accettazione di nomina sono fatti per iscritto e le loro sottoscrizioni sono autenticate; peraltro, ove il Designatore sia l'Affidante, la revoca e la nomina possono essere fatte per testamento.

G. Qualora:

1. il Contratto abbia avuto un Garante;

2. non vi sia alcun garante;

3. il Designatore manchi o non provveda in un tempo ragionevole alla nomina del Presidente del Consiglio Notarile di Genova su richiesta di qualsiasi interessato.

Art. 41. Responsabilità del Garante del Contratto

A. Il Garante del Contratto non risponde del danno che il mancato o improprio esercizio dei suoi poteri abbia cagionato all'Affidante o a coloro che sono destinatari di vantaggi patrimoniali derivanti dal Contratto se non in caso di dolo grave o di mala fede.

Parte VI <u>Disposizioni finali</u>

Art. 42. Riservatezza

A. L'Affidatario Fiduciario non comunica ad alcuno né documenti né informazioni relative al Contratto a meno che:

1. lo consenta o lo prescriva il Contratto;

2. lo ordini il Giudice;

3. l'Affidatario Fiduciario lo ritenga necessario per:

a. esercitare alcun potere;

b. *adempiere un'obbligazione;*

c. *difendersi in un procedimento giudiziario;*

d. *richiedere un parere professionale.*

Secondo negozio: trasferimento di diritti reali immobiliari da parte di mamma Maria

Omissis ….

Capitolo 3:
Possibili applicazioni del CAF

3.1 Il CAF testamentario

Il testamento in quanto atto di ultima volontà realizza, per definizione, il massimo dell'espressione caratterizzata dall'elemento fiducia. Nel momento in cui il testatore indica la persona che dovrà incarnare il ruolo di Esecutore Testamentario viene in tutta evidenza il rapporto di fiducia esistente tra colui che affida un incarico e colui che di questo ufficio se ne dovrà fare carico.

È naturale presupporre che il primo, il testatore, il più delle volte non solo si sia sentito ma, ben oltre, si sia con lui confidato e, anzi, assai sovente si sia *affidato*, cioè sia arrivato a chiedergli di prendere lui decisioni, a volte importanti, non fosse altro per il fatto che, non conoscendo il futuro, la sua volontà possa essere più fedelmente attuata con l'evolversi degli eventi e delle situazioni non solo oggettive, e ancor più spesso soggettive.

Non va sottaciuto il fatto, sotto gli occhi di tutti, che sovente manca la fiducia del testatore nei confronti dei suoi successori e quasi la certezza che i contenuti di carattere non patrimoniale saranno i primi ad essere trascurati e disattesi. Tutto questo accredita a buon titolo la figura in un *soggetto* che assommi su di sé una serie di attributi che garantiscono al testatore la puntuale esecuzione delle sue disposizioni.

Un soggetto "altro" ben si attaglia a presidiare questo compito, a maggior ragione se dovrà tradurre il suo *incarico fiduciario esprimendo appieno "l'interesse altrui*", tanto da realizzarlo in un momento in cui con certezza non sarà più presente chi questo incarico gli ha conferito.

Tutte queste attribuzioni fanno capo alla figura dell'Esecutore Testamentario come ben delineato dalla disciplina dettata dal Codice civile. Infatti:

- l'importanza della fiducia viene confermata dall'Art. 710 che testualmente recita:

Art. 710

Su istanza di ogni interessato, l'autorità giudiziaria può esonerare l'Esecutore Testamentario dal suo ufficio per gravi irregolarità nell'adempimento dei suoi obblighi [703, 709 c.2 c.c.], per inidoneità all'ufficio o per aver commesso azione che ne menomi la fiducia.

L'autorità giudiziaria, prima di provvedere, deve sentire l'esecutore e può disporre opportuni accertamenti.

L'Art. 710 giunge finanche al rimedio dell'esonero quando questa fiducia venga menomata:

- l'Esecutore Testamentario è soggetto funzionalmente estraneo e lontano da ogni possibile conflitto di interessi, giusto il monito dell'Art. 709, che esplicitamente esclude in sede di divisione la presenza di eredi o legatari:

Art. 709

L'Esecutore Testamentario deve rendere il conto [263 c.c.] della sua gestione al termine della stessa e, anche spirato l'anno dalla morte del testatore, se la gestione si prolunga oltre l'anno [703 c.c.].

Egli è tenuto, in caso di colpa [703, 2043 c.c.] al risarcimento dei danni verso gli eredi e verso i legatari.

Gli esecutori testamentari, quando sono più [700 c.c.], rispondono solidalmente per la gestione comune [1292 c.c., 4 c.p.c.].

Il testatore non può esonerare l'Esecutore Testamentario dall'obbligo di rendere il conto o dalla responsabilità della gestione [109].

- Viene confermata l'efficacia dell'istituto a totale servizio del testatore: la stessa nomina è pienamente nelle sue mani e formalizzata all'interno del testamento, il suo personalissimo documento.
- Nell'ideale percorso di avvicinamento alla figura dell'Affidatario Fiduciario si consideri l'Art. 700 che afferma:

Art. 700

Il testatore può nominare [701 c.c.] uno o più esecutori testamentari [629 c. 3 c.c.] e, per il caso che alcuni o tutti non vogliano o non possano accettare [702 c.c.], altro o altri in loro sostituzione.

Se sono nominati più esecutori testamentari essi devono agire congiuntamente [708 c.c.], salvo che il testatore abbia diviso tra loro le attribuzioni o si tratti di provvedimento urgente per la conservazione di un bene o di un diritto ereditario.

Il testatore può autorizzare l'Esecutore Testamentario a sostituire altri a se stesso, qualora egli non possa continuare nell'ufficio [710 c.c.].

La norma non solo prevede una pluralità di esecutori testamentari, con la possibilità da parte del testatore di disciplinarne le attribuzioni, ma si preoccupa di disciplinarne anche la sostituzione.
Non pone ostacoli l'Art 703, c. 3 che afferma:

Art. 703

Il possesso non può durare più di un anno dalla dichiarazione di accettazione [702 c.c.], salvo che l'autorità giudiziaria per motivi di evidente necessità, sentiti gli eredi, ne prolunghi la durata, che non potrà mai superare un altro anno [709].

Ciò non va confuso con l'esercizio dell'ufficio, il cui limite temporale rimane confinato alla realizzazione del testamento (Cassazione 12241 del 14. 6. 2016).

- Da ultimo, ma non ultimo, il fatto che completa l'inquadramento fiduciario dell'Esecutore Testamentario: la libertà nell'esecuzione di quel programma. Laddove, in rigorosa sintonia con la configurazione del Contratto di Affidamento Fiduciario, si riscontra che i beni sono in funzione del programma, l'Esecutore Testamentario può amministrali, venderli, ecc. purché «siano esattamente eseguite le disposizioni di ultima volontà del defunto», che altro non sono che il contenuto del programma (Art. 703).

- La segregazione, caratteristica essenziale del Contratto di Affidamento Fiduciario, è per così dire scontata: nessuno può dubitare che il patrimonio affidato sia assolutamente immune dalle vicende personali dell'affidatario.

In che modo, dunque, l'accostamento tra i due istituti riesce a fornire linfa nuova e vita nuova al testamento?

Qual è il contributo fondamentale per cui, a mio sommesso avviso, questo innesto è in grado di diventare *il testamento del futuro* non più relegato ad una sparuta minoranza di utilizzatori (statisticamente poco sopra il 10%), ma davvero l'efficace realizzazione degli obiettivi che si vogliono portare a compimento dopo una vita di lavoro?

La risposta sta nelle potenzialità della disciplina del Contratto di Affidamento Fiduciario, che oramai ben conosciamo.
Basti considerare, come sempre ribadito: il programma messo a disposizione del Testatore e la certezza della sua realizzazione anche in presenza di situazioni che diversamente sarebbero di competenza del giudice.

Rimane da esplorare, a questo punto, come si manifesta concretamente, come viene messo a terra, questo connubio tra Contratto di Affidamento Fiduciario e l'atto di ultima volontà.
Una prima strada è costituita dal fatto di affidare ad un legatario, con funzione meramente esecutiva, l'obbligo di attuare *successivamente* il negozio di Affidamento Fiduciario. Percorso, per la verità, poco noto e, forse, anche poco praticato in riferimento allo stesso trust, che vanta almeno due decenni di storia vissuta. Per chi voglia farsi un'idea, rimando al caso specifico trattato nel mio testo: "La successione innovativa". (vedi caso: "Mi restano solo due o tre mesi di vita").
La strada maestra è il suo inserimento all'interno della diposizione testamentaria. La guida con istruzioni ci viene ancora una volta offerta dall'Art. 1, c. 4, del D.L. più volte citato.

Art. 1.

Negozio di affidamento fiduciario

5. *Qualora il negozio di affidamento fiduciario sia contenuto in un testamento, l'accettazione della qualità di affidatario fiduciario è disciplinata dalle disposizioni vigenti sulla accettazione della nomina di Esecutore Testamentario. Nei casi in cui l'affidatario fiduciario coincide con l'Esecutore Testamentario non si applica quanto previsto dal terzo comma dell'articolo 703 del Codice civile.*

Questa disciplina (pur trattandosi di un D.L., quindi *de jure condendo*) ha una portata notevolissima in quanto, a mio modo di vedere, ci presenta lo stato di avanzamento dei lavori fin qui svolto dalla Dottrina nel rendere operativo l'istituto.

In altre parole, ci indica la via più appropriata, se inserito all'interno di un testamento, di utilizzo del Contratto di Affidamento Fiduciario. Per inciso si può notare come l'articolo in questione preferisca utilizzare la definizione di negozio piuttosto che di Contratto di Affidamento Fiduciario, certamente appropriata.

Va sgomberato il campo dall'assunto dell'unicità del testamento nel panorama successorio: tutta la dottrina concorda che lo strumento testamentario non possa essere oramai considerato l'unico nella vicenda successoria. Si pensi solo a tutti gli interventi del Legislatore nell'ultimo ventennio: per tutti si consideri il più noto sul Patto di Famiglia di cui all'Art. 768 bis e seguenti.

Un modo nuovo, dunque, di stendere un testamento.

Concretamente, una volta indicata al suo interno un'espressione del tipo:

«attribuisco all'Esecutore Testamentario la qualità e le funzioni di Affidatario Fiduciario» l'estensore dovrà farsi cura di trasferirvi la fisonomia del Contratto di Affidamento Fiduciario con tutte le relative attribuzioni: il programma, l'indicazione dei beneficiari o le modalità di determinazione dei beneficiari nel rispetto delle norme del Codice civile (Artt. 631 e 632), le destinazioni dei beni al programma, ecc.

Anche in questo contesto non si può dubitare che vada rispettata la tutela dei legittimari.

3.2 Il CAF e la Legge 3/2012

Nel momento in cui la trattazione stava per presentare la colonna portante del Contratto di Affidamento Fiduciario, il *programma*, ho voluto evidenziare alcuni istituti giuridici che tengono in considerazione questo aspetto rispetto a tanti altri che ne sono del tutto mancanti. Tra quelli accennati che ben potevano trarre utilità dall'utilizzo del Contratto di Affidamento Fiduciario, è stata fatta menzione alla disciplina la L. 3/ 2012. In quel contesto, dopo una succinta presa di visione delle norme di riferimento avevamo tirato le somme con queste pur veloci conclusioni che vado a riprendere e a completare nel prosieguo.

Al professionista incaricato della gestione della liquidazione e della custodia del patrimonio viene attribuito un Affidamento Fiduciario. Dal testo di legge emergono, infatti, le attribuzioni proprie dell'Affidatario Fiduciario e cioè:

- *Libertà di azione*
- *Carattere fiduciario dell'incarico in quanto:*
  - *eseguito nell'esclusivo interesse di terzi;*
  - *l'attuazione di un programma che, giusto perché finalizzato all'interessi dei terzi, non conceda margini per interessi propri diretti o indiretti.*
- *Con un corollario funzionale incontestabile: la segregazione dei beni. Chi mai può immaginare che questi beni possano essere aggrediti dai creditori personali dell'affidatario?*

Proviamo ad avvalorare la fattibilità e le performances di un innesto del Contratto di Affidamento Fiduciario in questa normativa, tanto rilevante per il mondo dei commercialisti e degli avvocati per il lavoro che da questa ritraggono.
Riprendiamo il disposto del c. 1 dell'Art. 7 e del c. 1 dell'Art. 13 della L. 3/2012 per un avvicinamento alla tematica.

Art. 7

Presupposti di ammissibilità

*1. Il piano può anche prevedere l'**affidamento** del patrimonio del debitore ad **un fiduciario** per la liquidazione, la custodia e la distribuzione del ricavato ai creditori.*

Art. 13

Esecuzione dell'accordo

1. Se per la soddisfazione dei crediti sono utilizzati beni sottoposti a pignoramento ovvero se previsto dall'accordo il giudice, su proposta dell'organismo di composizione della crisi, nomina un liquidatore che dispone in via esclusiva degli stessi e delle somme incassate. Si applica l'articolo 28 del regio decreto 16 marzo 1942, n. 267.

2. L'organismo di composizione della crisi risolve le eventuali difficoltà insorte nell'esecuzione dell'accordo e vigila sull'esatto adempimento dello stesso.

Il debitore propone un accordo ai suoi creditori per la soddisfazione dei loro crediti nel rispetto e con le modalità previste dalla L. 3 / 2012. Il piano che tale accordo contiene incorpora *l'affidamento del patrimonio del debitore nelle mani del gestore* affinché provveda alla liquidazione, alla custodia e alla successiva distribuzione del ricavato ai creditori. Il gestore è un professionista che viene nominato, su proposta dell'organismo di composizione della crisi, dal giudice.
Il legislatore della L. 3/2012 non impone strutture particolari né pone vincoli; proviamo pertanto ad utilizzare a piene mani il Contratto di Affidamento Fiduciario. Al professionista, incaricato della gestione della liquidazione e della custodia del patrimonio, viene attribuito un Affidamento Fiduciario.
All'interno di un Contratto di Affidamento Fiduciario il *debitore incarna la figura dell'**affidante**.* Assieme all'affidante debitore evidentemente c'è spazio anche per i terzi.
È l'Art. 8 della L. 3/2012 che lo prevede: di grande utilità a garanzia dell'adempimento degli obblighi assunti e, in definitiva, del buon esito della procedura.
Nella definizione del Patrimonio Affidato dell'Art. 3 del D.L., come ho fatto notare durante il commento all'articolo, si prevede la possibilità che i beni siano anche di terzi.

Art. 8

Contenuto dell'accordo o del piano del consumatore

Omissis…

2. Nei casi in cui i beni e i redditi del debitore non siano sufficienti a garantire la fattibilità dell'accordo o del piano del consumatore, la proposta deve essere sottoscritta da uno o più terzi che consentano il conferimento, anche in garanzia, di redditi o beni sufficienti per assicurarne l'attuabilità.

Omissis…

Pertanto:

all'**affidante** corrisponde la figura del debitore in stato di sovraindebitamento: imprenditore non fallibile, professionista, imprenditore agricolo o consumatore ma anche eventuali terzi che in base all'articolo 8 c. 2, citato possono trasferire dei beni all'affidatario a garanzia dell'adempimento degli obblighi assunti.

L'ufficio di **affidatario** viene rivestito da quello che la norma chiama "gestore": normalmente il professionista che deve essere in possesso dei requisiti previsti per la nomina del curatore fallimentare, soggetto che abbiamo visto essere nominato dal giudice. Anche lo stesso OCC (Organismo di Composizione della Crisi) potrebbe assumere l'ufficio di gestore, ai sensi dell'Art. 15 comma 8.

All'Affidatario Fiduciario è garantita un'ampia libertà di azione: quella riconosciuta e concessa al professionista, come descritto dal c. 1 dello stesso Art. 3 al quale viene attribuito:

Art. 3

...

L'affidamento del patrimonio del debitore ad un fiduciario per la liquidazione, la custodia e la distribuzione del ricavato ai creditori. ... omissis

Non ci sono dubbi circa il carattere fiduciario dell'incarico: si tratta di un programma eseguito nell'esclusivo interesse di terzi e dove non ci sono margini per interessi propri diretti o indiretti e dove si aggiunge l'obbligo del rendiconto. Il compenso per l'affidatario è previsto nel piano sottoposto all'approvazione dei creditori.

La lettura degli articoli 10 e 12 della L. 3/ 2012 ci porta senza difficoltà a identificare le caratteristiche che abbiamo incontrato nella lettura del c. 2 dell'Art. 3 del D.L., quelle cioè che definiscono la ***Segregazione*:** i beni della procedura non possono essere confusi con i beni personali del professionista né con quelli di altre eventuali procedure dallo stesso gestite.

Il vincolo sui beni, evidenziato all'Art. 10, c. 2 mette in luce questa valenza quando determina la loro destinazione al programma, in particolare quando si fa riferimento all'uso della trascrizione:

Art. 10

2. Con il decreto di cui al comma 1, il giudice:.....

b) ordina, ove il piano preveda la cessione o l'affidamento a terzi di beni immobili o di beni mobili registrati, la trascrizione del decreto, a cura dell'organismo di composizione della crisi, presso gli uffici competenti;

c) dispone che, sino al momento in cui il provvedimento di omologazione diventa definitivo, non possono, sotto pena di nullità, essere iniziate o proseguite azioni esecutive individuali né disposti sequestri conservativi né acquistati diritti di prelazione sul patrimonio del debitore che ha presentato la proposta di accordo, da parte dei creditori aventi titolo o causa anteriore; la sospensione non opera nei confronti dei titolari di crediti impignorabili.

E il **programma**?

Consiste nell'attività da parte del professionista, tutta rivolta alla liquidazione e alla distribuzione del patrimonio affidatogli come previsto nel piano presentato ai creditori.

A costituire il **Fondo Affidato** saranno tutti beni messi a disposizione dal debitore ed eventualmente da terzi. Al debitore è data la possibilità di mettere a disposizione anche solo parzialmente i beni del proprio patrimonio e trattenerne eventualmente una parte secondo la propria disponibilità.

Il ruolo del **garante** è destinato all'Organismo di Composizione della Crisi, essendo lo stesso Art. 15 comma 9 L. 3/2012 che gli attribuisce il compito di vigilare sull'esatto adempimento del

programma ed, eventualmente, di comunicare ai beneficiari ogni eventuale irregolarità.
A completamento il c. 2 dell'Art. 13 che aggiunge:

Art. 13

C. 2 L'organismo di composizione della crisi risolve le eventuali difficoltà insorte nell'esecuzione dell'accordo e vigila sull'esatto adempimento dello stesso, comunicando ai creditori ogni eventuale irregolarità. Sulle contestazioni che hanno ad oggetto la violazione di diritti soggettivi e sulla sostituzione del liquidatore per giustificati motivi decide il giudice investito della procedura.

Beneficiari dell'affidamento. Sono gli stessi creditori, indipendentemente dal fatto che abbiano o meno dato il loro consenso al piano.
Quanto alla **durata**, potrà indifferentemente essere la prima tra la data del Decreto di accertamento della completa esecuzione del piano e la data nella quale il Gestore dichiari con il consenso del Garante che il programma è stato completato o non può più essere completato. Salvi, ovviamente, quei casi in cui sia prevista una cessazione anticipata.

3.3 Il CAF e il patto di famiglia

Il caso del Signor Mario e il passaggio generazionale

Il signor Mario è un imprenditore. Per il passaggio generazionale al Signor Mario è stato prospettato il patto di famiglia.

Riporto brevemente di seguito i tratti salienti del patto di famiglia, certamente già noti grazie all'emanazione della L. 55/2006: il legislatore ha introdotto nel nostro ordinamento giuridico l'istituto del "patto di famiglia" che consente al titolare dell'impresa di anticipare il momento del trasferimento dell'azienda o delle partecipazioni sociali della società che l'azienda contiene, ai discendenti o al discendente che si sia dimostrato maggiormente idoneo alla gestione.

Si tratta, in definitiva, di una successione anticipata, finalizzata a trasferire oggi, mentre l'imprenditore è in vita, l'azienda di famiglia al futuro erede, ossia colui che possiede o che dovrebbe possedere le qualità dell'imprenditore. In sostanza tutti i legittimari, coloro i quali hanno diritto all'eredità, vengono coinvolti con un atto notarile sottoscritto da ognuno di loro. A fronte dell'assegnazione dell'azienda al figlio destinatario, corrisponde per tutti gli altri il diritto di essere liquidati da costui per un valore corrispondente al bene-azienda, azienda della quale vanno a privarsi.

L'erede cui è destinata l'azienda da quel momento ne diventa proprietario, con i seguenti corollari:

- dal punto di vista del genitore: nessun ruolo è previsto dalla legge nel caso voglia continuare a svolgere la sua attività.

Si tratta di una grave lacuna normativa non solo a parere di chi scrive.

- dal punto di vista del figlio, destinatario dell'azienda di famiglia.

Ritengo utile porre alcune domande quali:

il soggetto destinatario, il figlio, può nel prosieguo cambiare idea e non voler più gestire l'azienda? Si accorge che da solo non riesce a portarla avanti per enne motivi?

Esiste un rimedio previsto dalla normativa?

Il soggetto destinatario può nel prosieguo avere problemi di salute, perdere la capacità fisica o la stessa capacità di intendere e di volere?

Esiste un rimedio previsto dalla normativa?

Il soggetto può morire? E se anche il padre è già deceduto?

Esiste un rimedio previsto dalla normativa?

Il soggetto prescelto si trova indebitato: è un problema solo suo personale?

Esiste un rimedio previsto dalla normativa?

Come possiamo notare, quello che manca completamente è un *programma*. La totale assenza di un *programma*, affatto previsto dal legislatore, potrebbe ben considerare queste e altre situazioni e prevederne le soluzioni: prima tra tutte la *temporaneità del possesso dell'azienda da parte del destinatario con la possibilità di "tornare indietro".*

Serve trovare una disciplina che non faccia riferimento a quella legale. Se fosse offerto all'estensore del contratto di prevederle e disciplinarle, tutte queste situazioni si potrebbero evitare e, assai spesso, si eviterebbe, non dimentichiamo, anche l'intervento del giudice.

Il Contratto di Affidamento Fiduciario e il patto di famiglia

Prendiamo in esame il Contratto di Affidamento Fiduciario per come si presenta nelle sue linee essenziali e riesce a fornire un valido contributo nel contesto del patto di famiglia.

L'**affidante**: è il ruolo affidato al signor Mario, il papà che mette a disposizione i beni oltre al 100% delle quote della sua SRL.

Il ruolo di **beneficiari** comprende tutti i legittimari: tra loro il figlio prenotatario dell'azienda di famiglia mentre tutti gli altri sono prenotatari delle spettanze loro dovute. Faccio presente che prenotatario è colui che aderisce ad una proposta che, ricorrendone i presupposti, determinerà la conclusione del contratto. Beneficiari, pertanto, sono loro stessi e tutti i legittimari.

In questo caso, fortemente consigliabile è il **garante** del contratto dotato per l'occasione di un nutrito fascio di poteri fiduciari nelle sue mani; meglio di tutti un bravo professionista, un professionista che interviene solo se ce ne sarà bisogno: a pensarci bene assai conveniente anche dal punto di vista dei costi.

Il Contratto di Affidamento Fiduciario permette al signor Mario di attuare un programma destinato ad andare sempre avanti, come bene abbiamo visto nella presentazione della sua peculiare disciplina: un articolato, complesso, non senza tutte quelle situazioni già considerate. Ma non solo, a titolo di esempio prevedrà:

- la circostanza che possano essere modificate le spettanze dei beneficiari: normale se si pensi che nel fondo affidato è presente un'azienda che, per definizione, può accumulare utili o impoverirsi a causa di perdite;
- certamente la previsione della definitiva attribuzione dell'azienda quando si sia reso definitivo e confermato il ruolo di imprenditore in capo al figlio prescelto o ad altro al posto suo;
- la previsione, perché no, della vendita della totalità delle quote della società nella malaugurata ipotesi che per i motivi più vari la conduzione dell'azienda non possa essere fatta continuare da parte di quel figlio e di nessun altro tra gli eredi. In tal caso sarà prevista anche l'assegnazione della corrispondente liquidità a tutti i legittimari;
- non potrà mancare l'ipotesi della sostituzione dell'erede prescelto con altro un membro della famiglia: ad esempio, una figlia o un figlio, troppo giovani al momento in cui si è posto in essere l'atto; proprio perché il figlio prescelto non si è dimostrato all'altezza del compito, non intende proseguire nell'incarico, diviene incapace, si indebita o altro;

- e gli utili o dividendi che nel frattempo maturano?

Tutti i legittimari potranno goderne. Aspetto di particolare gradimento per tutti, anche non destinatari dell'azienda, e non affatto secondario durante la fase di definizione dell'atto: sapere che i dividendi, nel frattempo, vanno spartiti tra tutti facilita di molto la conclusione dell'accordo.

- Nel frattempo, si verifica una situazione molto apprezzata: tutto il patrimonio destinato è *segregato*, protetto, e nessuna vicenda esterna può intaccarlo. Nessuna vicenda debitoria di alcuno dei partecipanti all'accordo potrà mai intaccare il patrimonio dedicato. A pensarci bene potrebbe diventare una qualità tra le più interessanti.

Conclusione

Gutta cavat lapidem

(La goccia scava la roccia)

Questo mio lavoro a disposizione di privati, imprenditori, professionisti, si compendia nella citazione latina. Tutt'altro che facile da stendere per la complessità e l'estrema originalità della tematica, vuole rappresentare, nei miei intendimenti, un modesto ma caparbio contributo alla conoscenza di un contratto che, sono certo, è destinato ad esprimere enormi possibilità per gli utilizzatori.

Appagante per me pensare che questo testo, nato appunto esclusivamente con intento divulgativo, di introduzione alla materia, possa incontrare l'interesse dell'utilizzatore, non meno che la curiosità del professionista, quella curiosità da sempre considerata la molla dell'ingegno umano.

Mi conforta la Comunicazione alla Presidenza del Senato del 5 agosto 2019 relativa al Disegno di Legge d'iniziativa della senatrice Riccardi *Disposizioni sul negozio di Affidamento Fiduciario,* che così si esprime: «[…] la dottrina del Contratto di Affidamento Fiduciario si è riappropriata di concetti e meccanismi funzionali della *civil law* ed è pervenuta ad elaborare principi e regole che trovano collocazione nel disegno di legge: esso, in luogo di provare a "tradurre" il trust come hanno fatto quasi tutti gli altri Stati che hanno legiferato in materia, addita una via interamente appartenente alla *civil law*.

Una legge sul Contratto di Affidamento Fiduciario sarebbe l'occasione per l'Italia di proporsi quale guida a numerosi Paesi di *civil law* che intendono "avere il trust" ma che vogliono rimanere all'interno della propria tradizione giuridica, tornando così ad essere esportatrice, non più solo importatrice, di innovazione legislativa […].»

Appendice

Disegno di Legge, senatrice Riccardi - 5 agosto 2019. Disposizioni sul negozio di Affidamento Fiduciario

Capo I Disposizioni generali

Art. 1.

Negozio di Affidamento Fiduciario

2. *Con il negozio di Affidamento Fiduciario l'affidante e l'affidatario fiduciario convengono il programma che l'affidatario fiduciario si obbliga ad attuare, impiegando uno o più beni a favore di uno o più beneficiari entro un termine non eccedente novanta anni.*

3. *Le finalità dell'affidamento fiduciario consistono nella realizzazione di vantaggi suscettibili di valutazione economica in favore di specifici soggetti o categorie di soggetti, denominati "beneficiari".*

4. *Il negozio di Affidamento Fiduciario fra vivi, ogni sua modificazione e l'accettazione dell'Affidatario Fiduciario devono essere fatti per iscritto a pena di nullità.*

5. *Qualora il negozio di Affidamento Fiduciario sia contenuto in un testamento, l'accettazione della qualità di affidatario fiduciario è disciplinata dalle disposizioni vigenti sull'accettazione della nomina di Esecutore Testamentario. Nei casi in cui l'Affidatario Fiduciario coincida con l'Esecutore Testamentario non si applica quanto previsto dal terzo comma dell'articolo 703 del Codice civile.*

6. *Il negozio di Affidamento Fiduciario può prevedere l'individuazione di un soggetto, denominato "garante", al quale sono attribuiti poteri di vigilanza sull'esecuzione del medesimo.*

L'individuazione della figura del garante del contratto è obbligatoria, pena la nullità, nel caso in cui:

a) *l'affidante assuma temporaneamente la qualità di Affidatario Fiduciario;*

b) *vi siano beneficiari minori di età o interdetti o inabilitati o beneficiari di amministrazione di sostegno o disabili gravi ai sensi dell'articolo 3, comma 3, della legge 5 febbraio 1992, n. 104;*

c) *lo prevedano specifiche disposizioni di legge.*

7. Salvo diversa pattuizione fra le parti, l'esecuzione dell'Affidamento Fiduciario si presume gratuito.

Art. 2.

Domicilio o stabilimento dell'affidatario fiduciario

1. A pena di nullità del negozio di Affidamento Fiduciario, l'Affidatario Fiduciario o, in caso di più Affidatari Fiduciari, almeno uno fra essi, deve essere domiciliato o avere uno stabilimento permanente nella Repubblica italiana.

Art. 3.

Patrimonio affidato

1. I beni, presenti o futuri, determinati o determinabili, trasferiti dall'affidante o da terzi all'Affidatario Fiduciario ovvero da quest'ultimo vincolati all'esecuzione del programma, nonché ogni loro frutto e accrescimento e ogni trasformazione o permutazione in altri beni per effetto di alienazione o di altra causa costituiscono un patrimonio, denominato «patrimonio affidato».

2. Il negozio può attribuire una denominazione al patrimonio affidato.

3. Il patrimonio affidato:

a) *appartiene temporaneamente all'Affidatario Fiduciario, che esercita su di esso ogni facoltà dominicale entro i limiti posti dal contratto;*

b) *è distinto dal patrimonio personale dell'Affidatario Fiduciario e da altri patrimoni affidati al medesimo;*

è escluso dal regime patrimoniale della famiglia e dalla successione ereditaria, è impignorabile e insequestrabile da chiunque se non per l'esecuzione di obbligazioni attinenti all'attuazione del programma o da essa originate.

4. I beni del patrimonio affidato sono tenuti dall'Affidatario Fiduciario separati dai propri. I beni affidati sono singolarmente identificabili come tali, nei modi più idonei secondo la relativa natura. L'Affidatario Fiduciario, qualora sia obbligato alla tenuta delle scritture contabili, deve contabilizzare il patrimonio affidato separatamente.

5. Quando gli affidatari sono più di uno, sorge fra essi una comunione a mani riunite col regime dell'accrescimento.

Art. 4.

Affidante

2. L'affidante può assumere temporaneamente la qualità di Affidatario Fiduciario purché ricorrano le seguenti condizioni:

a) *almeno un beneficiario sia parte del negozio;*

b) *il negozio preveda la figura del garante fin quando l'affidante riveste la qualità di affidatario fiduciario;*

c) *il programma non vada, anche solo parzialmente, a vantaggio dell'affidante.*

3. In mancanza di patto contrario, i diritti e i poteri dell'affidante non passano ai suoi eredi né essi subentrano nelle sue obbligazioni.

Art. 5.

Beneficiari

5. Il negozio:

a) *indica i beneficiari o le modalità relative alla loro individuazione;*

b) *determina i diritti dei beneficiari sul patrimonio affidato e sui suoi frutti e utilità.*

6. Possono essere beneficiari i discendenti di una determinata persona vivente al tempo della conclusione del negozio, benché non ancora concepiti.

7. È valida la disposizione del negozio che rimette all'affidante o all'Affidatario Fiduciario o a un terzo:

a) *l'indicazione dei beneficiari tra più persone determinate o appartenenti a determinate famiglie o categorie di persone o tra più enti; la determinazione dei diritti dei beneficiari o di alcuni fra essi.*

8. Tra i beneficiari possono essere indicati:

a) *l'affidante, purché non rivesta la qualità di Affidatario Fiduciario;*

b) *l'Affidatario Fiduciario.*

Art. 6.

Mancanza dei beneficiari

1. Se il programma non può essere attuato perché mancano i beneficiari ed è impossibile che essi vengano all'esistenza entro il termine dell'affidamento, il patrimonio affidato e i suoi frutti spettano all'affidante o ai suoi eredi, in mancanza di diversa disposizione, dal momento in cui si sia verificata questa impossibilità.

CAPO II Attuazione del programma

Art. 7.

Consensi

1. Il negozio determina in quali circostanze il preventivo consenso dell'affidante, del garante del contratto o di un terzo è richiesto per il valido compimento di un atto dell'Affidatario Fiduciario.

Art. 8.

Obbligazioni dell'Affidatario Fiduciario

5. L'Affidatario Fiduciario si comporta secondo correttezza e buona fede. Nello svolgimento delle sue mansioni, l'Affidatario Fiduciario:

a. agisce quale soggetto tenuto a soddisfare esclusivamente interessi altrui e non compie alcun atto dal quale possa ricavare vantaggio, neanche indiretto;

b. usa la diligenza che un soggetto avveduto userebbe nelle medesime circostanze rispetto a beni propri;

se svolge professionalmente l'attività di Affidatario Fiduciario, impiega la competenza che è ragionevole attendersi da un professionista.

6. L'Affidatario Fiduciario deve rendicontare il suo operato per iscritto con la periodicità opportuna dettata dalle circostanze ma, almeno una volta all'anno, ai soggetti indicati nel negozio e, in ogni caso, ai beneficiari, secondo l'interesse di ciascuno all'attuazione del programma. In ogni caso, non hanno effetto le clausole che prevedano la dispensa preventiva dall'obbligo di rendiconto.

7. Nel caso in cui vi sia più di un Affidatario Fiduciario:

a. il contratto può attribuire specifici poteri a un Affidatario Fiduciario;

b. gli Affidatari Fiduciari rispondono solidalmente ai beneficiari ma ciascuno risponde del proprio comportamento nell'esercizio di poteri specificamente e singolarmente attribuiti.

8. L'Affidatario Fiduciario può incaricare terzi di compiere uno o più atti per suo conto o a suo vantaggio purché si tratti di atti di natura gestionale del patrimonio affidato o di natura professionale.

Art. 9.

Inadempimento

1. Non è ammessa l'azione di risoluzione del Contratto di Affidamento Fiduciario per inadempimento dell'Affidatario Fiduciario.

2. L'Affidatario Fiduciario che non abbia adempiuto alle proprie obbligazioni è tenuto, fermo il diritto al risarcimento spettante all'affidante e ai beneficiari che siano stati di- rettamente danneggiati, a ripristinare il patrimonio affidato nella consistenza che esso avrebbe avuto qualora egli avesse adempiuto alle proprie obbligazioni.

3. L'Affidatario Fiduciario è tenuto a trasferire nel patrimonio affidato ogni vantaggio indebitamente ottenuto dalla sua posi- zione di Affidatario Fiduciario, anche se nessun danno ne sia seguito ai beneficiari.

Art. 10.

Clausole di esonero da responsabilità

1. L'Affidatario Fiduciario risponde del comportamento di procuratori, consulenti, gestori e mandatari da lui nominati, nono-stante qualsiasi patto di esclusione o limitazione della responsabilità egli abbia con essi convenuto, a meno che non li abbia scelti e mantenuti nell'incarico con la diligenza che un soggetto avveduto avrebbe usato nelle medesime circostanze rispetto a beni propri.

2. È nullo qualsiasi patto che escluda o limiti preventivamente la responsabilità dell'Affidatario Fiduciario per dolo, colpa grave, mala fede o per atti compiuti in conflitto di interessi.

Art. 11.

Rapporti dell'Affidatario Fiduciario con i terzi

1. Il terzo che contrae con l'Affidatario Fiduciario può sempre esigere che questi giustifichi i propri poteri e gli dia copia, da lui sottoscritta, delle rilevanti disposizioni del Contratto di Affidamento Fiduciario.

2. I limiti dei poteri dell'Affidatario Fiduciario sono opponibili ai terzi che ne hanno avuto conoscenza o li hanno ignorati per propria colpa.

3. L'Affidatario Fiduciario risponde dell'adempimento delle proprie obbligazioni legali, contrattuali ed extracontrattuali con il solo patrimonio affidato. Nel caso in cui non abbia fatto espressa menzione della propria qualità prima di assumere contrattualmente un'obbligazione, l'Affidatario Fiduciario risponde anche con il proprio patrimonio personale con diritto di rivalsa sul patrimonio affidato.

Art. 12.

Annullabilità

1. Sono annullabili i negozi compiuti dall'Affidatario Fiduciario quando il negozio:

a) *sia a titolo gratuito, non sia in favore di un beneficiario e non costituisca adempimento di obbligazione;*

b) *ecceda le limitazioni dei poteri dell'Affidatario Fiduciario opponibili al terzo;*

c) *preveda un corrispettivo notevolmente diverso dal valore corrente del bene o del servizio con pregiudizio del patrimonio affidato;*

sia stato compiuto dall'Affidatario Fiduciario in confitto di interessi, del quale il terzo abbia avuto conoscenza o che abbia ignorato per propria colpa.

2. *La convalida di un negozio annullabile richiede il consenso di tutti i beneficiari allora in vita e del garante del contratto, qualora previsto.*

3. *L'annullabilità di un atto di disposizione di beni affidati comporta la nullità dei successivi atti di disposizione senza limite, qualora rispetto a ciascun atto non ricorra una delle seguenti condizioni:*

a) *l'atto sia a titolo gratuito;*

b) *l'atto preveda un corrispettivo notevolmente inferiore al valore corrente del bene affidato;*

c) *l'atto sia preordinato a pregiudicare il soddisfacimento dei diritti dei beneficiari;*

l'acquirente abbia conoscenza della causa di annullabilità, di cui al comma 1 o la ignori per propria colpa.

4. *Le fattispecie di annullabilità di cui al presente articolo possono essere fatte valere dall'affidante, da un beneficiario e dal garante del contratto.*

5. *Nel pronunciare l'annullamento il giudice trasferisce il patrimonio affidato ad altro Affidatario Fiduciario, nominato, ove necessario, dallo stesso giudice.*

Art. 13.

Sostituzione dell'Affidatario Fiduciario

1. *Il negozio determina in quali circostanze l'Affidatario Fiduciario può sostituire o aggiungere altri a sé nei rapporti derivanti dal medesimo.*

2. *L'Affidatario Fiduciario non può chiedere la risoluzione del contratto per eccessiva onerosità né la riduzione della propria prestazione*

o la modificazione delle sue modalità di esecuzione onde ricondurla a equità.

Art. 14.

Negozio di autorizzazione

3. È valida la disposizione con la quale l'Affidatario Fiduciario autorizza l'affidante o il garante o altri soggetti a trasferire a un diverso Affidatario Fiduciario i rapporti derivanti dal negozio di affidamento fiduciario e a compiere atti con effetti reali sul patrimonio affidato.

4. Il soggetto autorizzato è tenuto a esercitare il relativo potere quando un Affidatario Fiduciario:

a) *muoia o divenga incapace e manchi altro Affidatario Fiduciario;*

b) *chieda di essere liberato dalle proprie obbligazioni;*

c) *non abbia più il domicilio o uno stabilimento permanente nel territorio della Repubblica.*

Capo III Disposizioni particolari

Art. 15.

Tutela dei legittimari

1. Se dall'esecuzione del negozio di Affidamento Fiduciario discende un atto di liberalità è possibile proporre l'azione di riduzione anche nei confronti dell'Affidatario Fiduciario, oltre che contro i beneficiari della liberalità, se esistenti e noti.

2. Nel caso di Affidamento Fiduciario in favore di un soggetto debole ai sensi del comma 3, si applica quanto segue:

a) *il soggetto debole beneficiario può agire in riduzione solo se i beni del patrimonio affidato, da chiunque trasferiti o vin- colati, sono manifestamente insufficienti per il soddisfacimento dei suoi bisogni;*

b) *i legittimari possono agire in riduzione:*

1) quando il soggetto debole beneficiario sia in vita, con riferimento a quella parte del patrimonio affidato che sia manifestamente eccessiva rispetto ai suoi bisogni, qualora la relativa quota di legittima sia stata ridotta della metà;

2) quando il soggetto debole beneficiario non sia più qualificabile come tale o dopo la morte del medesimo, solo con riferimento al patrimonio affidato allora esistente.

3) Per "soggetto debole" si intende chi sia interdetto o inabilitato o beneficiario di amministrazione di sostegno, nonché chi sia disabile grave ai sensi dell'articolo 3, comma 3, della legge 5 febbraio 1992, n. 104.

Art. 16.

Tutela dei creditori

1. L'azione revocatoria contro gli atti che trasferiscono beni all'Affidatario Fiduciario o che costituiscono vincoli su di essi si propone, se il contratto è in corso contro l'Affidatario Fiduciario e contro i beneficiari titolari di diritti sui beni trasferiti, se esistenti e noti, come se l'atto fosse stato fatto direttamente in loro favore.

2. È sufficiente che le condizioni dell'azione ricorrano nei confronti dell'affidante e, quando si tratti di atti a titolo oneroso, dell'Affidatario Fiduciario o di uno fra i beneficiari.

Art. 17.

Esercizio professionale della funzione di Affidatario Fiduciario e garante

1. L'esercizio professionale dell'attività di Affidatario Fiduciario è riservato a società per azioni, in accomandita per azioni o a responsabilità limitata con sede in uno Stato dell'Unione europea che sia in possesso dei seguenti requisiti:

a) *preveda lo svolgimento dell'ufficio di Affidatario Fiduciario nell'oggetto sociale;*

b) *gli amministratori della società posseggano i requisiti richiesti per gli esponenti aziendali degli intermediari finanziari;*

c) *abbia stipulato una polizza assicurativa che preveda:*

1) massimale di euro 1.000.000 per ogni sinistro e in aggregato per anno assicurativo;

2) non applicazione della facoltà di recesso per sinistro da parte dell'assicuratore;

3) ultrattività quinquennale per il caso di cessazione dell'attività.

2. La funzione di garante può essere svolta da una persona fisica ovvero in forma professionale da una persona giuridica che abbia come scopo sociale prevalente la tutela dei soggetti deboli di cui all'articolo 15, comma 3.

3. La vigilanza sulle società che svolgono l'attività di Affidatario Fiduciario o di garante nei confronti del pubblico è esercitata dal Ministero dell'economia e delle finanze.

4. Alle persone giuridiche esercenti la funzione di Affidatario Fiduciario e garante in forma professionale si applicano le disposizioni di cui al decreto legislativo 8 giugno 2001, n. 231.

Capo IV Tutela dei diritti

Art. 18.

Prescrizione

1. I diritti di un beneficiario contro l'Affidatario Fiduciario si prescrivono con il decorso di dieci anni.

Art. 19.

Prova per testimoni

1. La prova per testimoni di dichiarazioni o accordi verbali successivi alla conclusione del contratto o, nel caso di affidamento testamentario, alla morte del testatore è sempre consentita.

Art. 20.

Litisconsorzio

1. *Non può essere pronunciata sentenza o altro provvedimento con effetti sul patrimonio affidato se non in contraddittorio con i beneficiari del contratto che siano titolari di diritti sul patrimonio affidato o suoi frutti o utilità, ancorché sotto condizione.*

Art. 21.

Competenza dell'autorità giudiziaria

3. La competenza nelle cause e nei procedimenti riguardanti un Contratto di Affidamento Fiduciario spetta in via esclusiva:

a) *al tribunale designato nel Contratto di Affidamento Fiduciario;*

b) *in mancanza, al tribunale del luogo nel quale il beneficiario che agisce ha la propria residenza o il proprio domicilio;*

c) *qualora l'azione non sia promossa da un beneficiario al tribunale del luogo nel quale l'Affidatario Fiduciario o più di uno ha il proprio domicilio o la propria sede o uno stabilimento permanente.*

4. Il tribunale, provvedendo in camera di consiglio con decreto motivato su ricorso del pubblico ministero o di qualsiasi interessato, assunte, se del caso, sommarie informazioni, può:

a) *in mancanza di soggetti titolari di poteri in forza di negozio di autorizzazione o in caso di loro inerzia, trasferire a un diverso Affidatario*

Fiduciario i rapporti derivanti dal contratto e compiere atti con effetti reali sul patrimonio affidato;

b) *in ogni caso, esonerare un Affidatario Fiduciario per gravi irregolarità nell'adempimento dei suoi obblighi, per inidoneità al- l'ufficio o per avere commesso azione che ne menomi la fiducia e, se richiesto, nominare altro Affidatario Fiduciario;*

c) *integrare il contratto per mezzo di nuove disposizioni, modificare o eliminare disposizioni del contratto se ciò appare utile per la migliore attuazione del programma;*

d) *convalidare atti annullabili dall'Affidatario Fiduciario;*

e) *impartire direttive a un Affidatario Fiduciario su richiesta di quest'ultimo o di qualsiasi interessato.*

Capo V Modificazione al Codice civile

Art. 22.

Modificazioni al Codice civile

1. *All'articolo 2643 del Codice civile dopo il numero 10) è inserito il seguente:*

10-bis) «Gli atti che trasferiscono o vincolano diritti reali immobiliari per l'esecuzione di un Contratto di Affidamento Fiduciario».

2. *All'articolo 2659, primo comma, numero 1) del Codice civile dopo le parole:*

"stato civile" sono inserite le seguenti:

«la denominazione e il codice fiscale dei patrimoni affidati» e ancora «secondo l'atto costitutivo» ; «e, per i patrimoni affidati, delle generalità dell'Affidatario Fiduciario.»

3. *All'articolo 2684 del Codice civile dopo il numero 2) è inserito il seguente:*

2-bis) «Gli atti che trasferiscono o vincolano diritti reali in esecuzione di un Contratto di Affidamento Fiduciario.»

CAPO VI Disposizione penale

Art. 23

Introduzione del reato di appropriazione di beni affidati

1. Dopo l'articolo 646 del Codice penale è inserito il seguente:

Art. 646-bis. – (Appropriazione di beni affidati) – «Salvo che il fatto costituisca più grave reato, è punito con la reclusione da tre a sei anni l'Affidatario Fiduciario che, violando le obbligazioni previste per legge o dal negozio di Affidamento Fiduciario, impiega i beni del patrimonio affidato a proprio o altrui profitto».

CAPO VII Disposizioni tributarie

Art. 24

Imposta di registro

Alla tariffa, parte prima, allegata al testo unico delle disposizioni concernenti l'imposta di registro, di cui al decreto del Presidente della Repubblica 26 aprile 1986, n. 131, sono apportate le seguenti modificazioni:

a) *dopo l'articolo 9 è inserito il seguente:*

Art. 9-bis. – 1. (Atti di natura traslativa senza corrispettivo in favore di affidatario fiduciario – euro 200,00):

1. Atti di natura dichiarativa dell'esistenza di un negozio di affidamento, del quale il dichiarante sia Affidatario Fiduciario – euro 200,00.

2. Atti di natura traslativa compiuti da un Affidatario Fiduciario in favore di chi gli succeda nell'ufficio o si aggiunga ai componenti l'ufficio – euro 200,00.

3. Atti di natura traslativa di diritti sui beni del patrimonio affidato, compiuti dall'Affidatario Fiduciario in favore di beneficiari o di altri soggetti in forza di disposizioni del Contratto di Affidamento Fiduciario:

a) *qualora l'Affidatario Fiduciario ritrasferisca all'originario affidante o ai suoi eredi:*

– euro 200,00;

b) *altrimenti, le stesse imposte, anche se diverse dall'imposta di registro, che sarebbero state dovute in caso di trasferimento diretto da parte dell'affidante.»*

b) *Dopo l'articolo 11-ter è aggiunto il seguente:*

Art. 11-quater. – 1. (Contratti di affidamento fiduciario, atti di accettazione, nomina, revoca, rinuncia di affidatari fiduciari – euro 200,00)

Art. 25

Imposte ipotecarie e catastali

1. *Al testo unico delle disposizioni concernenti le imposte, ipotecaria e catastale, di cui al decreto legislativo 31 ottobre 1990, n. 347, sono apportate le seguenti modificazioni:*

a) *all'articolo 2, dopo il comma 2-bis sono aggiunti i seguenti:*

2-ter. «Per la trascrizione degli atti di trasferimento di diritti reali in favore di un Affidatario Fiduciario l'imposta è dovuta nella misura fissa.»

2-quater. «Per la trascrizione degli atti di trasferimento di diritti reali qualora l'Affidatario Fiduciario trasferisca all'originario affidante o a suoi eredi l'imposta è dovuta nella misura fissa.»

b) *All'articolo 10, dopo il comma 2 è inserito il seguente:*

2-bis. «L'imposta è dovuta nella misura fissa per le volture eseguite in dipendenza degli atti indicati nell'articolo 2, commi 2-ter e 2-quater».

Art. 26

Imposte sui redditi

1. Al testo unico delle imposte sui redditi, di cui al decreto del Presidente della Repubblica 22 dicembre 1986 n. 917, sono apportate le seguenti modificazioni:

a) *all'articolo 73, comma 2:*

1) al primo periodo, dopo le parole: «i consorzi» sono inserite le seguenti: «i patrimoni affidati»;

2) all'ultimo periodo, dopo le parole: «del trust», ovunque ricorrono, sono inserite le seguenti: «o del negozio di Affidamento Fiduciario» e dopo le parole: «dal trust» sono inserite le seguenti: «o dal negozio di Affidamento Fiduciario»;

b) *all'articolo 86, dopo il comma 5-bis è aggiunto il seguente:*

5-ter. «Ferme le precedenti disposizioni, il trasferimento a un Affidatario Fiduciario di beni relativi all'impresa, di aziende e di complessi aziendali relativi a singoli rami dell'impresa non costituisce realizzo di plusvalenze o minusvalenze né destinazione a finalità estranee all'esercizio dell'impresa, qualora il negozio di Affidamento Fiduciario svolga una funzione di garanzia per l'adempimento di obbligazioni relative all'esercizio dell'impresa, preveda la restituzione all'affidante di tali beni o di quelli esistenti al termine dell'affidamento e l'affidante iscriva in bilancio un'immobilizzazione corrispondente al costo fiscalmente riconosciuto dei beni affidati.»

Art. 27

Responsabile di imposta

1. L'Affidatario Fiduciario è responsabile delle imposte dovute dal patrimonio affidato e, qualora paghi con mezzi propri, ha diritto di rivalsa.

Art. 28

Codice fiscale del patrimonio affidato

1. Le disposizioni relative al codice fiscale dei contribuenti, di cui al decreto del Presidente della Repubblica 29 settembre 1973, n. 605, sono applicabili ai patrimoni affidati.

2. La domanda di attribuzione del codice fiscale è presentata dall'Affidatario Fiduciario e ad essa si applicano le disposizioni di cui all'articolo 4, comma 1, lettera b) del citato decreto del Presidente della Repubblica 29 settembre 1973, n. 605.

3. Il mutamento dell'Affidatario Fiduciario non comporta modificazione del codice fiscale del patrimonio affidato.

Art. 29

Copertura finanziaria

Omissis ...

REPUBBLICA DI SAN MARINO

Legge 1° marzo 2010 n.43

L'Istituto dell'Affidamento Fiduciario

Sezione I Disposizioni Generali

Art. 1

Nozione e forma

1. L'Affidamento Fiduciario è il contratto col quale l'affidante e l'affidatario convengono il programma che destina taluni beni e i loro frutti a favore di uno o più beneficiari, parti o meno del contratto, entro un termine non eccedente novanta anni.

2. I beni possono essere presenti o futuri, determinati o determinabili, trasferiti dall'affidante o da terzi all'affidatario ovvero da quest'ultimo vincolati.

3. L'Affidamento Fiduciario si presume gratuito.

4. Il contratto, sotto pena di invalidità:

a) è fatto per iscritto;

b) è accompagnato dal parere di un Notaio sammarinese che ne attesta la validità.

5. Il contratto non è soggetto a risoluzione, salvo il caso di impossibilità sopravvenuta.

Art. 2

L'affidante

1. È valida la disposizione in forza della quale l'affidante assume temporaneamente la sola qualità di affidatario qualora uno o più beneficiari siano parte del contratto.

2. A meno che il contratto disponga diversamente, i diritti e i poteri dell'affidante non possono essere esercitati dai suoi eredi, né essi subentrano nelle sue obbligazioni.

Art. 3

Il patrimonio affidato

1. I beni trasferiti all'affidatario o dall'affidatario vincolati per l'attuazione del programma destinatorio costituiscono il patrimonio affidato. Né il trasferimento né il vincolo richiedono la forma degli atti a titolo gratuito e l'insinuazione.

2. Il patrimonio affidato:

a) appartiene temporaneamente all'affidatario, che esercita su di esso ogni facoltà dominicale entro i limiti posti dal contratto;

b) è distinto dal patrimonio personale dell'affidatario, è estraneo al suo regime matrimoniale, è escluso dalla sua successione ereditaria e dal concorso dei suoi creditori;

c) non può costituire oggetto di esecuzione se non per obbligazioni attinenti all'attuazione del programma destinatorio.

3. Quando gli affidatari sono più di uno sorge fra essi una comunione a mani unite col regime dell'accrescimento.

4. Il contratto può attribuire una denominazione al patrimonio affidato.

5. *I beni del patrimonio affidato sono tenuti dall'affidatario separati dai propri e separatamente identificabili; le intestazioni e i procedimenti pubblicitari menzionano l'inclusione dei beni nel patrimonio affidato.*

Art. 4

I beneficiari

1. *Il contratto:*

a) *indica i beneficiari o il modo della loro individuazione;*

b) *determina i diritti dei beneficiari sul patrimonio affidato e sui suoi frutti;*

c) *determina in quali circostanze i diritti di un beneficiario vengono o possono venire meno.*

2. *È valida la disposizione che rimette all'affidante la successiva indicazione dei beneficiari purché almeno un beneficiario sia indicato nel contratto.*

3. *È valida la disposizione che rimette all'affidatario o a un terzo:*

a) *l'indicazione dei beneficiari tra più persone determinate o appartenenti a determinate famiglie o categorie di persone;*

b) *la determinazione dei diritti dei beneficiari, purché questi ultimi siano diversi dalla persona alla quale la determinazione è rimessa.*

4. *I discendenti di una determinata persona vivente al tempo della conclusione del contratto, benché non ancora concepiti, possono essere beneficiari.*

5. *L'affidante può essere beneficiario; l'affidatario può essere uno fra i beneficiari.*

Art. 5

Attuazione del programma destinatorio

1. Il contratto determina in quali circostanze:

a) il preventivo consenso dell'affidante o dei soggetti da lui designati è richiesto per il valido compimento di un atto dell'affidatario;

b) l'affidatario può sostituire o aggiungere altri a sé nei rapporti derivanti dal contratto;

c) l'affidante o i soggetti da lui designati sono autorizzati a trasferire a una diversa persona i rapporti derivanti dal contratto, con liberatoria dell'affidatario, e a compiere atti reali e atti con effetti reali sul patrimonio affidato in deroga dalle disposizioni del diritto comune;

d) l'affidatario può agire in conflitto di interessi.

2. Nonostante il contratto annulli o diversamente disponga:

a) in caso di inadempimento dell'affidatario, all'affidante e ai soggetti da lui designati competono, ferme le obbligazioni risarcitorie dell'affidatario, i poteri di cui al comma 1 lettera c;

b) i poteri di cui al comma 1 lettera c debbono essere esercitati dai soggetti ai quali competono:

i) se l'affidatario muore o diviene incapace e manca altro affidatario;

ii) se l'affidatario chiede di essere liberato dalle proprie obbligazioni.

3. Se il programma destinatorio non può essere attuato perché mancano i beneficiari ed è impossibile che essi vengano in esistenza entro il termine dell'affidamento, il patrimonio affidato e i suoi frutti spettano all'affidante dal momento nel quale l'impossibilità si è verificata.

4. Se i diritti dei beneficiari non si estendono all'intero patrimonio affidato, i beni o i frutti eccedenti spettano all'affidante dal momento nel quale tale eccesso si è verificato e fino a tanto che esso perduri.

Art. 6
Obbligazioni dell'affidatario

1. L'affidatario deve comportarsi secondo correttezza e buona fede.

2. Nell'adempiere le proprie obbligazioni l'affidatario:

a) agisce quale fiduciario, tenuto a soddisfare esclusivamente interessi altrui;

b) usa la diligenza che un soggetto avveduto userebbe nelle medesime circostanze rispetto a beni propri;

c) se svolge professionalmente l'attività di affidatario, impiega la competenza che è ragionevole attendersi da un professionista.

3. L'affidatario è tenuto a rendere il conto del suo operato ai soggetti indicati nel contratto, e comunque ai beneficiari secondo l'interesse di ciascuno, con la periodicità opportuna secondo le circostanze. La dispensa preventiva non ha effetto.

4. È valida la disposizione che consente all'affidatario di sostituire altri a sé nei rapporti derivanti dal contratto, liberamente o previo consenso dell'affidante o dei soggetti da lui designati.

Art. 7
Clausole di esonero da responsabilità

1. L'affidatario risponde del comportamento dei procuratori, consulenti, gestori e mandatari da lui nominati, nonostante qualsiasi patto di esclusione o limitazione della responsabilità egli abbia con essi convenuto, a meno che li abbia scelti e mantenuti nell'incarico con la diligenza che un soggetto avveduto avrebbe usato nelle medesime circostanze rispetto a beni propri e ad essi non sia ascrivibile dolo o colpa grave o mala fede.

2. È invalido qualsiasi patto che esclude o limita preventivamente la responsabilità dell'affidatario per dolo, colpa grave, mala fede o, in via generale, per atti compiuti in conflitto di interessi e non autorizzati dal contratto.

Art. 8

Risarcimento all'affidante e ai beneficiari

1. Fermo il diritto al risarcimento spettante all'affidante e ai beneficiari che siano stati direttamente danneggiati, l'affidatario è tenuto a ripristinare il patrimonio affidato nella consistenza che esso avrebbe avuto qualora egli avesse adempiuto le proprie obbligazioni.

2. L'affidatario è tenuto a trasferire nel patrimonio affidato ogni vantaggio indebitamente ottenuto dalla propria posizione di affidatario, anche se nessun danno ne sia seguito ai beneficiari.

Art. 9

Rapporti dell'affidatario con i terzi; responsabilità dell'affidatario

1. Il terzo che contratta con l'affidatario può sempre esigere che questi giustifichi i propri poteri e gli dia copia, da lui sottoscritta, delle rilevanti disposizioni del Contratto di Affidamento Fiduciario.

2. I limiti dei poteri dell'affidatario sono opponibili ai terzi che ne hanno avuto conoscenza o li hanno ignorati per propria colpa.

3. L'affidatario risponde dell'adempimento delle proprie obbligazioni, legali, contrattuali ed extracontrattuali con il solo patrimonio affidato. Tuttavia, risponde anche con il proprio patrimonio personale, con diritto di rivalsa sul patrimonio affidato, se non ha fatto menzione della propria qualità prima di assumere contrattualmente un'obbligazione.

Art. 10

Invalidità degli atti dell'affidatario; effetti verso i terzi

1. Sono invalidi gli atti dell'affidatario che riducono il patrimonio affidato e gli atti di amministrazione da lui compiuti quando ricorre una fra le seguenti condizioni:

a) l'atto è a titolo gratuito e non costituisce adempimento di un'obbligazione né esercizio di un potere dell'affidatario;

b) l'atto eccede i limiti, opponibili al terzo, dei poteri dell'affidatario;

c) l'atto prevede un corrispettivo notevolmente diverso dal valore corrente del bene o del servizio, con pregiudizio del patrimonio affidato;

d) l'atto è compiuto in conflitto di interessi non autorizzato dal contratto.

2. L'invalidità di un atto di disposizione di beni del patrimonio affidato comporta l'invalidità dei successivi atti di disposizione dei medesimi beni e di quelli che ad essi sono stati sostituiti senza limite ma non pregiudica i diritti acquistati a titolo oneroso dai terzi di buona fede che ignoravano senza colpa la causa di invalidità, salvi gli effetti della trascrizione della domanda giudiziale.

3. La convalida di un atto invalido richiede il consenso di tutti i beneficiari, purché altri beneficiari non possano sopravvenire.

Sezione II Disposizioni Particolari

Art. 11

Affidamento fiduciario in favore di soggetti deboli

1. Non costituisce liberalità la disposizione in favore di beneficiari disabili o di età superiore ai settantacinque anni o interdetti o inabilitati o tossicodipendenti o alcol dipendenti o affetti da gravi patologie croniche se:

a) i beni del patrimonio affidato, oggetto della disposizione, sono stati trasferiti o vincolati dal coniuge del beneficiario o da un parente entro il terzo grado o da un affine entro il secondo grado; e

b) i beni non sono manifestamente eccessivi rispetto ai bisogni del beneficiario, reputandosi l'eccesso quale liberalità.

Art. 12

Tutela dei legittimari

1. Se il contratto comporta una liberalità ed esso è in corso:

a) ai legittimari spetta solamente l'azione per la determinazione e reintegrazione della quota di legittima e

b) l'azione a tutela dei legittimari si propone contro l'affidatario oltre che contro i beneficiari della liberalità, se esistenti e noti.

2. Chi è beneficiario delle disposizioni di cui all'articolo 11 può agire per la reintegrazione della sua quota quale legittimario solo se i beni del patrimonio affidato, da chiunque trasferiti o vincolati, non sono manifestamente sufficienti per i suoi bisogni.

Art. 13

Tutela dei creditori

1. L'azione revocatoria contro gli atti che trasferiscono beni all'affidatario o costituiscono vincoli su di essi viene proposta nella condizione in cui il contratto è in corso contro l'affidatario e contro i beneficiari titolari di diritti sui beni trasferiti, se esistenti e noti, come se l'atto fosse stato fatto direttamente in loro favore.

2. È sufficiente che le condizioni dell'azione ricorrano nei confronti dell'affidatario o di uno fra i suddetti beneficiari.

3. Il termine di prescrizione è di cinque anni.

Art. 14

Affidamento testamentario

1. Se l'Affidamento Fiduciario è disposto per testamento, gravando su un erede o un legatario ovvero commettendone l'attuazione all'Esecutore Testamentario, si osservano, in quanto applicabili, le norme di questa legge.

Art. 15

Prescrizione

1. *I diritti di un beneficiario contro l'affidatario si prescrivono con il decorso di dieci anni dalla data nella quale egli ebbe notizia del fatto sul quale si fonda la sua pretesa.*

Art. 16

Competenza dell'Autorità Giudiziaria

1. L'Autorità Giudiziaria, provvedendo con decreto motivato su ricorso di qualsiasi interessato, assunte, se del caso, sommarie informazioni, può:

a) in mancanza dell'affidante e di soggetti da lui designati o in caso di loro inerzia, adottare provvedimenti corrispondenti all'esercizio dei poteri di cui al comma 1 lettera c dell'articolo 5;

b) impartire direttive all'affidatario;

c) integrare il contratto per mezzo di nuove disposizioni o modificare o eliminare disposizioni del contratto se ciò appare utile per la migliore attuazione del programma destinatorio.

Art. 17

Prova testimoniale

1. La prova per testimoni di dichiarazioni o accordi verbali successivi alla conclusione del contratto o, nel caso di Affidamento Testamentario, alla morte del testatore è sempre consentita.

Art. 18

Disposizioni penali

1. *L'affidatario che, violando le obbligazioni poste a suo carico dalla legge o dal contratto, impiega beni del patrimonio affidato a proprio o altrui profitto ovvero ritarda a trasferirli agli aventi diritto è punito, se il fatto non costituisce più grave reato, con la prigionia di secondo grado e con l'interdizione di secondo grado a svolgere la funzione di affidatario.*

Art. 19

Entrata in vigore

Omissis...

Il patto di famiglia

Articolo 768 bis Codice civile

Nozione

È patto di famiglia il contratto con cui, compatibilmente con le disposizioni in materia di impresa familiare e nel rispetto delle differenti tipologie societarie, l'imprenditore trasferisce, in tutto o in parte, l'azienda e il titolare di partecipazioni societarie trasferisce, in tutto o in parte, le proprie quote ad uno o più discendenti.

Articolo 768 ter Codice civile

Forma

A pena di nullità il contratto deve essere concluso per atto pubblico.

Articolo 768 quater Codice civile

Partecipazione

Al contratto devono partecipare anche il coniuge e tutti coloro che sarebbero legittimari ove in quel momento si aprisse la successione nel patrimonio dell'imprenditore.

Gli assegnatari dell'azienda o delle partecipazioni societarie devono liquidare gli altri partecipanti al contratto, ove questi non vi rinunzino in tutto o in parte con il pagamento di una somma corrispondente al valore delle quote previste dagli articoli 536 e seguenti; i contraenti possono convenire che la liquidazione, in tutto o in parte, avvenga in natura.

I beni assegnati con lo stesso contratto agli altri partecipanti non assegnatari dell'azienda, secondo il valore attribuito in contratto, sono imputati alle quote di legittima loro spettanti; l'assegnazione può essere disposta anche con successivo contratto che sia espressamente dichiarato collegato al primo e purché vi intervengano i medesimi soggetti che hanno partecipato al primo contratto o coloro che li abbiano sostituiti.

Quanto ricevuto dai contraenti non è soggetto a collazione o a riduzione.

Articolo 768 quinquies Codice civile

Vizi del consenso

Il patto può essere impugnato dai partecipanti ai sensi degli articoli 1427 e seguenti.

L'azione si prescrive nel termine di un anno.

Articolo 768 sexies Codice civile

Rapporti con i terzi

All'apertura della successione dell'imprenditore il coniuge e gli altri legittimari che non abbiano partecipato al contratto possono chiedere ai beneficiari del contratto stesso il pagamento della somma prevista dal secondo comma dell'articolo 768 quater, aumentata degli interessi legali.

L'inosservanza delle disposizioni del primo comma costituisce motivo di impugnazione ai sensi dell'articolo 768 quinquies.

Articolo 768 septies Codice civile

Scioglimento

Il contratto può essere sciolto o modificato dalle medesime persone che hanno concluso il patto di famiglia [768 bis c.c.] nei modi seguenti:

1) mediante diverso contratto, con le medesime caratteristiche e i medesimi presupposti di cui al presente capo;

2) mediante recesso, se espressamente previsto nel contratto stesso e, necessariamente, attraverso dichiarazione certificata da un notaio agli altri contraenti.

Articolo 768 octies Codice civile
Controversie
Omissis ...

Il vincolo di destinazione

Articolo 2645 ter Codice civile

(R.D. 16)

Trascrizione di atti di destinazione per la realizzazione di interessi meritevoli di tutela riferibili a persone con disabilità, a pubbliche amministrazioni o ad altri enti o persone fisiche.

Gli atti in forma pubblica con cui beni immobili o beni mobili iscritti in pubblici registri sono destinati per un periodo non superiore a novant'anni o per la durata della vita della persona fisica beneficiaria alla realizzazione di interessi meritevoli di tutela riferibili a persone con disabilità, a pubbliche amministrazioni o ad altri enti o persone fisiche ai sensi dell'articolo 1322 secondo comma, possono essere trascritti al fine di rendere opponibile ai terzi il vincolo di destinazione; per la realizzazione di tali interessi può agire, oltre al conferente, qualsiasi interessato anche durante la vita del conferente stesso. I beni conferiti e i loro frutti possono essere impiegati solo per la realizzazione del fine di destinazione e possono costituire oggetto di esecuzione, salvo quanto previsto dall'articolo 2915 primo comma, solo per debiti contratti per tale scopo.

 10256/20

REPUBBLICA ITALIANA

LA CORTE SUPREMA DI CASSAZIONE

SEZIONE TRIBUTARIA CIVILE

Composta da

Oggetto:

Giacomo Maria Stalla	Presidente -	Oggetto
Liberato Paolitto	Consigliere -	R.G.N. 16849/2014
Maura Caprioli	Consigliere -	Cron. 10256
Milena Balsamo	Consigliere -	CC – 04/02/2020
Stefano Pepe	Consigliere Rel.	

ha pronunciato la seguente

ORDINANZA

sul ricorso iscritto al n. 16849/2014 proposto da:

AGENZIA DELLE ENTRATE (C.F.: X), in persona del Direttore pro tempore, rappresentata e difesa dall'Avvocatura Generale dello Stato (C.F.: X), presso i cui uffici in Roma, Via dei Portoghesi 12, è domiciliata;

- ricorrente -

Contro

L , in persona del *trustee* AN , LR . AAR e CECC , rappresentati e difesi dagli Avv. Maria Serpieri e Sante Ricci ed elettivamente domiciliati presso il loro studio in Roma, Via delle Quattro Fontane n. 161;

- controricorrenti -

avverso la sentenza n. 187/45/13 della Commissione tributaria Regionale della Lombardia, sezione di Milano, depositata il 18/12/2013;

Udita la relazione svolta nella camera di consiglio del 04/02/2020 dal Consigliere Dott. Stefano Pepe;

Lette le conclusioni depositate dal Sostituto Procuratore generale Umberto de Augustinis che ha concluso per l'accoglimento del ricorso.

Ritenuto che

1. Con distinti ricorsi il L , LR AC e CEC impugnavano gli avvisi di liquidazione (n. X , n. X e n. X) con i quali l'Agenzia delle Entrate aveva sottoposto a tassazione proporzionale del 4% il valore dichiarato nell'atto istituito di trust concluso da LR con atto notarile registrato il 2.11.2001 che prevedeva quale beneficiario la stessa disponente o, in caso di morte di quest'ultima, i figli AC e CEC .

I contribuenti, sostanzialmente, ritenevano che nel caso di specie non vi era stato alcun trasferimento di ricchezza, coincidendo il disponente e il beneficiario, e, dunque, era carente il presupposto di imposta.

2. La CTR con la sentenza n. 187/45/13, depositata il 18/12/2013, riformava la sentenza di primo grado e, per l'effetto, accoglieva i ricorsi.

4. Avverso tale sentenza l'Agenzia dell'entrate propone ricorso per cassazione affidato ad un unico motivo.

5. I contribuenti hanno depositato controricorso.

6. In prossimità della camera di consiglio i contribuenti hanno depositato memoria.

Considerato che

1. La ricorrente censura, *ex* art 360, comma 1, n. 3 c.p.c., la sentenza della CTR nella parte in cui, in violazione dell'art. 2, commi 47 e 49, d.l. n. 262 del 2006 conv. in l. n. 286 del 2006, ha ritenuto il trust posto in essere dai contribuenti esente dell'imposta di successione in misura proporzionale in quanto al momento della sua costituzione, verificata la corrispondenza tra disponente e beneficiario finale, non si era in presenza di alcun trasferimento di ricchezza, presupposto per l'applicazione dell'imposta.

A parere della ricorrente, diversamente da quanto affermato dalla CTR, il fatto rilevante ai fini dell'applicazione dell'imposta è la stessa segregazione dei beni posta in essere con il trust, assumendo rilievo ai fini della individuazione dell'entità della stessa il rapporto di parentela esistente tra il disponente e il beneficiario, di talché l'avviso di liquidazione doveva intendersi pienamente legittimo.

2. Il motivo non è fondato.

La questione posta all'esame del Collegio attiene al fatto se, in materia di trust, ai fini dell'imposizione dell'imposta sulle successioni e donazioni, sia sufficiente la mera costituzione del vincolo sui beni o occorre l'effettivo trasferimento dei beni ai beneficiari e se questi devono essere diversi dal disponente.

Il trust trova la sua disciplina, quanto alla materia dell'imposizione indiretta, nell'art. 2, comma 47, del d.l. n. 262 del 2006, conv. in l. n. 296 del 2006, che per gli atti di costituzione di vincoli di destinazione, richiama il d.lgs. n. 346 del 1990 (Approvazione del testo unico delle disposizioni concernenti l'imposta sulle successioni e donazioni). In particolare, l'art. 2, comma 47, cit. prevede che «*È istituita l'imposta sulle successioni e donazioni sui trasferimenti di beni e diritti per causa di morte, per donazione o a titolo gratuito e sulla costituzione di vincoli di destinazione, secondo le disposizioni del testo unico delle disposizioni concernenti l'imposta sulle successioni e donazioni, di cui al decreto legislativo 31 ottobre 1990, n. 346, nel testo vigente alla data del 24 ottobre 2001, fatto salvo quanto previsto dai commi da 48 a 54*», stabilendo il successivo comma 49 che «*per le donazioni e gli atti di trasferimento a titolo gratuito di beni e diritti e la costituzione di vincoli di destinazione di beni l'imposta è determinata dall'applicazione delle seguenti aliquote al valore globale dei beni e dei diritti al netto degli oneri da cui è gravato il beneficiario diversi da quelli indicati dall'articolo 58, comma 1, del citato testo unico di cui al decreto legislativo 31 ottobre 1990, n. 346, ovvero, se la donazione è fatta congiuntamente a favore di più soggetti o se in uno stesso atto sono compresi più atti di disposizione a favore di soggetti diversi, al valore delle quote dei beni o diritti attribuiti: a) a favore del coniuge e dei parenti in linea retta sul valore complessivo netto eccedente, per ciascun beneficiario, 1.000.000 di euro: 4 per cento; a-bis) a favore dei fratelli e delle sorelle sul valore complessivo netto eccedente, per ciascun beneficiario, 100.000 euro: 6 per cento; b) a favore degli altri parenti fino al quarto grado e degli affini in linea retta, nonché degli affini in linea collaterale fino al terzo grado: 6 per cento; c) a favore di altri soggetti: 8 per cento».*

Per effetto del combinato disposto delle norme sopra riportate il legislatore ha esteso l'applicazione dell'imposta sulle successioni e donazioni anche ai negozi di costituzione di vincoli di destinazione, prevedendo l'art. 6 della l. n. 112 del 2016 (Disposizioni in materia di assistenza in favore delle persone con disabilità grave prive del sostegno familiare) una deroga a tale disciplina nella parte in cui statuisce che «*i beni e i diritti conferiti in trust ovvero gravati da vincoli di destinazione di cui all'articolo 2645-ter del codice civile ovvero destinati a fondi speciali di cui al comma 3 dell'articolo 1, istituiti in favore delle persone con disabilità grave come definita dall'articolo 3, comma 3, della legge 5 febbraio 1992, n. 104, accertata con le modalità di cui all'articolo 4 della medesima legge, sono esenti dall'imposta sulle successioni e donazioni prevista dall'articolo 2, commi da 47 a 49, del decreto-legge 3 ottobre 2006, n. 262, convertito, con modificazioni, dalla legge 24 novembre 2006, n. 286, e successive modificazioni*».

Con riferimento al quadro normativo riportato questa Corte (Cass. n. 1131 del 2019, n. 19167 del 2019), con orientamento pienamente condiviso dal Collegio, ha affermato che «*non si può trarre dallo scarno disposto del D.L. n. 262 del 2006, art. 2, comma 47, il fondamento normativo di un'autonoma imposta, intesa a colpire ex se la costituzione dei vincoli di destinazione, indipendentemente da qualsivoglia evento traslativo, in senso proprio, di beni e diritti, pena il già segnalato deficit di costituzionalità della novella così letta*» precisando, poi, che «*in relazione agli atti di dotazione del fondo oggetto di causa (...), il giudice di appello (...) ha correttamente escluso che la costituzione del vincolo di destinazione sulle somme di denaro conferite in trust avesse prodotto un effetto traslativo immediato, solo in tal caso giustificandosi la soggezione dell'atto dotativo all'imposta sulle successioni e donazioni, in misura proporzionale, in quanto sicuro indice della capacità economica del soggetto beneficiato laddove «una lettura costituzionalmente orientata della normativa in esame (artt. 53 e 23 Cost.), attribuisce giusto rilievo al fatto che l'imposta prevista dal d.lgs. n. 346 del 1990 non può che essere posta in relazione con "un'idonea capacità contributiva", che il conferimento di beni e diritti in trust non integra di per sé un trasferimento imponibile e, quindi, rappresenta un atto generalmente neutro, che non dà luogo ad un trapasso di ricchezza suscettibile di imposizione indiretta».*

Nella medesima decisione sopra riportata si è, poi, precisato che nell'ambito concettuale dei vincoli di destinazione devono essere ricondotti non solo gli atti di destinazione di cui all'art. 2645-ter c.c., ma qualunque fattispecie prevista dall'ordinamento tesa alla costituzione di patrimoni vincolati ad uno scopo.

Ha osservato Cass.n. 16699/19 che: *"Poiché ai fini dell'applicazione delle imposte di successione, registro ed ipotecaria è necessario, ai sensi dell'art. 53 Cost., che si realizzi un trasferimento effettivo di ricchezza mediante un'attribuzione patrimoniale stabile e non meramente strumentale, nel "trust" di cui alla l. n. 364 del 1989 (di ratifica ed esecuzione della Convenzione dell'Aja 1° luglio 1985), detto trasferimento imponibile non è costituito né dall'atto istitutivo del "trust", né da quello di dotazione patrimoniale fra disponente e "trustee" in quanto gli stessi sono meramente attuativi degli scopi di segregazione e costituzione del vincolo di destinazione, bensì soltanto dall'atto di eventuale attribuzione finale del bene al beneficiario".*

In proposito va ribadito che tale inclusione non basta a giustificare l'imposizione del trust in quanto tale, ciò perché la tesi della 'nuova imposta' gravante sul vincolo di destinazione, assunto quale autonomo e sufficiente presupposto, non dà adeguatamente conto del fatto che la sola apposizione del vincolo non comporta, di per sé, incremento patrimoniale significativo di un reale trasferimento di ricchezza, con quanto ne consegue, appunto nell'ottica di un'interpretazione costituzionalmente orientata, in ordine alla non ravvisabilità in esso di forza economica e capacità contributiva ex art.53 Cost.

Non può negarsi che l'apposizione del vincolo, in quanto tale, determini per il disponente l'utilità rappresentata dalla separatezza dei beni (limitativa della regola generale di cui all'articolo 2740 codice civile) in vista del conseguimento di un determinato risultato di ordine patrimoniale; non concretizzando tale utilità, di per sé, alcun effettivo e definitivo incremento patrimoniale in capo al disponente e nemmeno al *trustee*, incremento che si verificherà (eventualmente e in futuro) in capo al beneficiario finale, di talché la strumentalità dell'atto istitutivo e di dotazione del trust ne giustifica, nei termini indicati, la fiscale neutralità.

La CTR ha fatto corretta applicazione di tali principi.

Per effetto di quanto risulta carente, nel caso di specie, il presupposto per applicare le imposte in esame (il trasferimento di ricchezza), in quanto per effetto del trust la signora LR , disponente, ha conferito parte dei sui beni al L in persona del trustee AN , indicando quale prima beneficiaria la stessa disponente.

Va, dunque, riaffermata alla costituzione del trust la riconducibilità di un effetto esclusivamente segregativo che, nel caso di specie, si è verificata all'interno del patrimonio del disponente stesso, risultando quest'ultimo anche il beneficiario finale del trust al quale, solo eventualmente, possono subentrare in caso di premorienza sui figli, quest'ultimi. Solo in tale ultima ipotesi si assiste a quel trasferimento di ricchezza che giustifica l'imposizione tributaria. In altri termini, l'acquisto da parte del trustee «*costituisce solo un mezzo funzionale alla realizzazione dell'effetto finale successivo, che si determina nell'attribuzione definitiva del bene al beneficiario*» *con la conseguenza che* «*l'atto costitutivo di un trust (...) non è in grado di esprimere la capacità contributiva del trustee*» *e solo l'attribuzione al beneficiario, che come detto deve essere diverso dal disponente* «*può considerarsi, nel trust, il fatto suscettibile di manifestare il presupposto dell'imposta sul trasferimento di ricchezza*» (Cass. n. 25478 del 2015).

In conclusione, risulta frutto di una errata interpretazione normativa l'opposto assunto della ricorrente secondo cui ciò che rileva ai fini fiscali è il mero vincolo di destinazione con la segregazione del bene conferito essendo irrilevante l'arricchimento del destinatario del bene; assunto che oblitera completamente la circostanza che le imposte in esame trovano ragione in manifestazioni di ricchezza conseguenti a trasferimenti patrimoniali che, per come riportato nello stesso ricorso, si sarebbero manifestate nel caso di specie solo in caso di premorienza del beneficiario-disponente.

4. Il ricorso va pertanto rigettato.

5. Le spese di lite vanno compensate, stante il solo recente affermarsi del su riportato indirizzo interpretativo di legittimità.

Rilevato che risulta soccombente parte ammessa alla prenotazione a debito del contributo unificato per essere amministrazione pubblica difesa dall'Avvocatura Generale dello Stato, non si applica l'art. 13, comma 1- quater del d.P.R. 30 maggio 2012, n. 115.

P.Q.M.

La Corte

- Rigetta il ricorso.
- Compensa le spese.

Così deciso in Roma nella camera di consiglio del 04.02.2020

Il Presidente

Giacomo Maria Stalla

DEPOSITATO IN CANCELLERIA

oggi, 29 MAG 2020

Il Cancelliere

Massimiliano Morgante

Bibliografia

- Accinni Alessandro, *La responsabilità dell'affidatario fiduciario* in atti del convegno di studi *Nuove frontiere dei conti dedicati: il Contratto di Affidamento Fiduciario* (2021).

- Alcaro Francesca, 'Programma e attività nell'affidamento fiduciario e nel trust' in *Trusts*, (2021).

- Barba Vincenzo, *L'affidamento fiduciario testamentario* in atti del convegno di studi *L'affidamento fiduciario successorio* (Firenze 2019).

- Barlese Vanda, 'Profili redazionali del Contratto di Affidamento Fiduciario' in *Trusts*, Vol.18, n.5, (2017).

- Caracciolo M., *Atti e clausole contrattuali* in atti del convegno di studi (Rimini-Forlì 2020).

- Cuffaro Vincenzo, *L'Esecutore Testamentario visto quale affidatario testamentario,* atti del convegno di studi *L'affidamento fiduciario successorio* (Firenze 2019).

- Di Sapio Angelo, *Differenze rispetto al mandato e al deposito irregolare* in atti del convegno di studi *Nuove frontiere dei conti dedicati: il Contratto di Affidamento Fiduciario* (2021).

- Franceschini Barbara, *Un affidamento fiduciario testamentario che non fu riconosciuto*, atti del convegno di studi *Sviluppi professionali dell'affidamento fiduciario.*

- Franceschini Barbara, *Atti e clausole contrattuali* in atti del convegno di studi (Rimini-Forlì 2020).

- Franceschini Barbara, *Deposito cauzionale nei contratti di immobili* in atti del convegno di studi *Nuove frontiere dei conti dedicati: il Contratto di Affidamento Fiduciario* (2021).

- Ghirlanda Massimo, *Atti e clausole contrattuali* in atti del convegno di studi (Rimini-Forlì 2020).

- Ghirlanda Massimo, *Atti e clausole contrattuali* in atti del convegno di studi (Rimini-Forlì 2020).

- Ghirlanda Massimo, *Somme a garanzia* in atti del convegno di studi *Nuove frontiere dei conti dedicati: il Contratto di Affidamento Fiduciario* (2021).

- Giulianelli Antonio, 'L'Esecutore Testamentario tra trust e affidamento fiduciario' in *Trusts* (2021).

- Lupoi, Maurizio, *Il Contratto di Affidamento Fiduciario*, (Milano, Giuffré, 2014).

- Lupoi, Maurizio, *L'Affidamento Fiduciario nella vita professionale*, (Milano, Giuffré, 2018).

- Lupoi, Maurizio, *L'affidamento fiduciario nella vita professionale*, (Milano, Giuffrè, 2018).

- Lupoi Maurizio, *Quando il Codice civile si arresta può subentrare il Contratto di Affidamento Fiduciario?* in *Il Contratto di Affidamento Fiduciario* (2019).

- Lupoi Maurizio, *L'inquadramento teorico del Contratto di Affidamento Fiduciario e il disegno di Legge Riccardi* in *Il Contratto di Affidamento Fiduciario* (2019).

- Mazzone, Maria Rosaria, 'La funzionalità del Contratto di Affidamento Fiduciario' in *Trusts,* Vol.17, n.4, (2017).

- Moscati Enrico, *Dalla donazione con riserva di disporre all'affidamento fiduciario* in atti del convegno di studi *L'affidamento fiduciario successorio* (Firenze 2019).

- Moscati Enrico, 'Dalla donazione con riserva di disporre all'affidamento fiduciario' in *Rivista del Notariato,* Vol.74, fasc. 2, (2020).

- Moschetti Ornella, 'Affidamento fiduciario e trascrizione' in *Trusts*, Vol.18, n.5, (2017).

- Petrelli Gaetano, *I negozi autorizzativi e l'autotutela nella vita del Contratto di Affidamento Fiduciario* in atti del convegno di studi *Nuove frontiere dei conti dedicati: il Contratto di Affidamento Fiduciario* (2021).

- Piana Paola, 'Illustrazione di un recente Contratto di Affidamento Fiduciario' in *Trusts,* Vol.17, n. 6, (2017).
- Piana Paola, 'Contratto di Affidamento Fiduciario per attuare una fiducia testamentaria' in *Trusts e attività fiduciarie*, Vol. 18, n. 4, (2017).
- Piana Paola, *Atti e clausole contrattuali* in in atti del convegno di studi (Rimini-Forlì 2020).
- Pischetola Adriano, *Il Contratto di Affidamento Fiduciario e fiscalità indiretta: dalla traslatività alla 'funzionalità'* in Studio n.38-2020/T del Consiglio Nazionale del Notariato.
- Pulvirenti Giuseppa Maria, *Atti e clausole contrattuali* in atti del convegno di studi (Rimini-Forlì 2020).
- Tatarano Marco, 'Prestito vitalizio ipotecario' in *Trusts*, Vol.18, n.3, (2017).
- Lupoi: Il contratto di affidamento fiduciario; ed. Giuffrè, (2014).
- Lupoi: L'affidamento fiduciario nella vita professionale, ed. Giuffrè, (2018).
- Piana P.: Contratto di affidamento fiduciario per attuare una fiducia testamentaria; rivista Trusts e A.F. (luglio 2017).
- Piana P.: Illustrazione di un recente contratto di affidamento fiduciario; rivista Trusts e A.F. (novembre 2016).
- Barlese V.: Profili redazionali del contratto di affidamento fiduciario; rivista Trusts e A.F. (settembre 2017).
- Franceschini B.; Convegno di studio su sviluppi professionali dell'affidamento fiduciario, organizzato da Il trust Italia Associazione. Intervento su "Un affidamento fiduciario testamentario che non fu riconosciuto".
- Alcaro F.: Programma e attività nell'affidamento fiduciario e nel trust; rivista Trusts e A.F. (gennaio 2021).
- Mazzone M.R.: La funzionalità del contratto di affidamento fiduciario; rivista Trusts e A.F. (luglio 2016).
- Moscati E.: Dalla donazione con riserva di disporre all'affidamento fiduciario. Rivista Trusts e A.F (novembre 2020).
- Moschetti O.: Affidamento fiduciario e trascrizione; rivista Trusts e A.F. 2017 pag. 469.

- Tatarano M.: prestito vitalizio ipotecario; rivista Trusts e A.F. 2017 pag. 252
- Caracciolo M.: intervento su: "Atti e clausole contrattuali", in Convegno organizzato dal Consiglio Notarile Rimini-Forlì del 29.9 2020.
- Franceschini B.: intervento su: "Atti e clausole contrattuali", in Convegno organizzato dal Consiglio Notarile Rimini-Forlì del 29.9 2020.
- Piana P.: intervento su: "Atti e clausole contrattuali", in Convegno organizzato dal Consiglio Notarile Rimini-Forlì del 29.9 2020.
- Ghirlanda M.: intervento su: "Atti e clausole contrattuali", in Convegno organizzato dal Consiglio Notarile Rimini-Forlì del 29.9 2020.
- Pulvirenti G.M.: idem intervento su: "Atti e clausole contrattuali", in Convegno organizzato dal Consiglio Notarile Rimini-Forlì del 29.9 2020.
- Ghirlanda M.: intervento su: "Struttura del contratto di affidamento fiduciario", in Convegno organizzato dal Consiglio Notarile Rimini-Forlì del 13.10. 2020.
- Di Sapio A.: Convegno di studio su "Nuove frontiere dei conti dedicati: il contratto di affidamento fiduciario", organizzato da Il trust Italia Associazione, giugno 2021. Intervento su: "Differenze rispetto al mandato e al deposito irregolare".
- Petrelli G.: Convegno di studio su "Nuove frontiere dei conti dedicati: il contratto di affidamento fiduciario", organizzato da Il trust Italia Associazione, giugno 2021. Intervento su: "I negozi autorizzativi e l'autotutela nella vita del contratto di affidamento fiduciario".
- Accinni A.: Convegno di studio su "Nuove frontiere dei conti dedicati: il contratto di affidamento fiduciario", organizzato da Il trust Italia Associazione, giugno 2021. Intervento su: "La responsabilità dell'affidatario fiduciario".
- Ghirlanda M.: Convegno di studio su "Nuove frontiere dei conti dedicati: il contratto di affidamento fiduciario", organizzato da Il trust Italia Associazione, giugno 2021. Intervento su: "Somme a garanzia".
- Franceschini B.: Convegno di studio su "Nuove frontiere dei conti dedicati: il contratto di affidamento fiduciario", organizzato da Il trust Italia Associazione, giugno 2021. Intervento su: "Deposito cauzionale nei contratti di immobili".

- Lupoi M.: Convegno di studio su "Il contratto di affidamento fiduciario", organizzato da Il trust Italia Associazione, settembre ottobre 2019. Interventi su: "Quando il codice civile si arresta può subentrare il contratto di affidamento fiduciario?" e su: "L'inquadramento teorico del Contratto di affidamento fiduciario e il disegno di Legge Riccardi".
- Giulianelli A.: "L'esecutore testamentario tra trust e affidamento fiduciario"; rivista Trusts e A.F marzo 2021.
- Barba V.: Atti del Convegno tenutosi a Firenze il 22.3. 19 su "L'affidamento fiduciario successorio", Intervento su: "L'affidamento fiduciario testamentario".
- Cuffaro V.: Atti del Convegno tenutosi a Firenze il 22.3. 19 su "L'affidamento fiduciario successorio", Intervento su: "L'esecutore testamentario visto quale affidatario testamentario".
- Moscati E.: Atti del Convegno tenutosi a Firenze il 22.3. 19 su "L'affidamento fiduciario successorio", Intervento su: "Dalla donazione con riserva di disporre all'affidamento fiduciario".
- Consiglio Nazionale del Notariato Studio n.38-2020/T: "il contratto di affidamento fiduciario e fiscalità indiretta: dalla traslatività alla 'funzionalità' ".
- Corasaniti G. "L'affidamento fiduciario nella vita professionale", Giuffrè Editore, 2018.

www.ingramcontent.com/pod-product-compliance
Ingram Content Group UK Ltd.
Pitfield, Milton Keynes, MK11 3LW, UK
UKHW022023190726
13853UKWH00005B/2080

9 788861 749535